Demain,
la nouvelle Afrique !

Adama GAYE

Demain, la nouvelle Afrique !

Préface de Ellen Johnson-Sirleaf

L'Harmattan

Du même auteur

Chine-Afrique : le dragon et l'autruche, L'Harmattan, 2006.

5-7, rue de l'École-Polytechnique, 75005 Paris
www.harmattan.com
diffusion.harmattan@wanadoo.fr
ISBN : 978-2-343-10557-4
EAN : 9782343105574

DÉDICACE

À mes enfants !

Aux auditeurs et professeurs du CHEDS de Dakar.

Aux Africains qui rêvent d'un meilleur sort, c'est-à-dire de démocratie authentique, d'une meilleure gestion de leurs pays, d'une condition de vie économique et sociale améliorée et d'un respect de leurs libertés individuelles ou de la préservation de l'héritage culturel de leur continent tout en voyant l'Afrique devenir plus respectée dans le monde entier qu'elle ne l'est à ce jour.

Aux dirigeants africains, de quelque structure, en les priant de servir et cesser de se servir de leurs pays et du continent…

Aux partenaires extérieurs de l'Afrique : partenariat efficace et profitable aux deux parties, dans les faits au-delà des discours !

Le XXIe siècle peut et doit être africain…

*

« L'Afrique était injustement qualifiée de continent noir mais c'est un continent où une nouvelle lumière se lève - celle de la croissance et de l'entrepreneuriat, d'une jeunesse pleine d'énergie et d'une vieille sagesse de méthodes traditionnelles et d'une rayonnante modernité. L'Afrique est un continent en mouvement. »

Dr Shashi Tharoor, M.P., Député pour Thiruvananthapuram,
Lok Sabha, Président du comité permanent du Parlement
pour les Affaires extérieures, Inde.

*

Beaucoup de pays africains ont fait des progrès vers la croissance économique et les réformes politiques au cours des dernières décennies, mais d'importants défis restent à relever : des processus électoraux contestés et la fermeture de l'espace politique reflètent l'enracinement de démocraties illibérales dans plusieurs pays. En faisant le survol politico-économique de l'Afrique depuis et avant la guerre froide, Adama Gaye offre une perspective sur l'avenir du continent dans ce livre, l'une des rares réflexions endogènes sur son destin…

Peter Lewis,
Directeur Département Afrique, École des Études Avancées en Relations
Internationales, Johns Hopkins University, Washington DC, USA

*

« Ce livre est d'une grande utilité pour les investisseurs et hommes d'affaires intéressés par l'Afrique, car il vient d'une source fiable et crédible connaissant l'Afrique du dedans et mesurant les changements qui s'y produisent. »

Alan Beard,
Directeur général, Interlink Capital Strategies, Washington DC, USA.

Abréviations

ANAD : Accord de non-agression et de défense.

APE : Accords de Partenariats Économiques.

AQMI : Al Al-Qaïda au Maghreb Islamique.

APSA : Architecture de Paix et de Sécurité Africaine.

BREXIT : Acronyme inventé pour designer la stratégie de sortie de la Grande-Bretagne de l'Union Européenne.

BRICS : Brésil, Russie, Inde, Chine, Afrique du Sud.

CARPAS : Cadre africain de référence pour les politiques d'ajustement structurel

CEA : Commission économique des Nations unies pour l'Afrique.

CEEAC : Communauté économique des États d'Afrique Centrale.

CEAO : Communauté économique de l'Afrique de l'Ouest.

CEDEAO : Communauté Économique des États d'Afrique de l'Ouest.

CER : Communautés économiques régionales.

CFA : Franc de la communauté francophone d'Afrique.

CHEDS : Centre des Hautes Études de Défense et de Sécurité.

CNN : Channel News Network, chaîne de télévision internationale.

COCOABOARD : Société nationale de marketing du cacao Ghanéen.

DAESH : Organisation de l'État islamiste en Syrie-Irak.

ECOMOG : Force de maintien de la paix de la CEDEAO.

EXIMBANK : Banque d'import et export.

FBI : Bureau Fédéral d'enquêtes criminelles

FIS : Front islamique du Salut.

FMI : Fonds monétaire international.

FNLA : Front national de libération de l'Angola.

FOCAC : Forum de coopération Chine-Afrique.

FRELIMO : Front de libération nationale du Mozambique.

GSPC : Groupe salafiste pour la prédication et le combat.

IGAD : Autorité inter-gouvernementale pour le Développement en Afrique de l'Est

MPLA : Mouvement populaire pour la libération de l'Angola.

MISAB : Mission inter-africaine de surveillance des Accords de Bangui (1997-98).

MSC : Conférence pour la Sécurité de Munich.

NEPAD : Nouveau partenariat pour le développement économique de l'Afrique.

OIF : Organisation internationale de la Francophonie.

OMC : Organisation mondiale du commerce.

ONU : Organisation des Nations-Unies.

OTAN : Organisation du Traité de l'Atlantique Nord

OUA : Organisation de l'Unité africaine.

PDG : Parti démocratique Gabonais, au pouvoir, mais contesté.

PPTE : Programme pour les pays pauvres très endettés.

ONCAD : Office national de commercialisation des produits agricoles au Sénégal.

PAIGC : Parti africain pour l'indépendance de la Guinée Bissau et du Cap Vert.

PCUS : Parti communiste de l'Union Soviétique.

PPP : Partenariat Public Privé.

RENAMO : Mouvement de résistance nationale du Mozambique.

RDC : République démocratique du Congo.

RPT : Rassemblement du peuple Togolais.

SHEBABS : Mouvement islamiste Somalien.

UA : Union africaine.

UNITA : Union nationale pour l'indépendance totale de l'Angola.

ZANU-PF : L'union nationale africaine du Zimbabwe.

« Lorsque les Blancs sont venus en Afrique, nous avions les terres et ils avaient la Bible. Ils nous ont appris à prier les yeux fermés : lorsque nous les avons ouverts, les Blancs avaient la terre et nous la Bible. »

Jomo Kenyatta, premier Président du Kenya indépendant.

« Non, vous n'êtes pas morts inutilement. Vous êtes les témoins de l'Afrique immortelle, vous êtes les témoins du monde nouveau qui sera demain. »

Léopold Sédar Senghor,
premier Président du Sénégal, *Noirs dans les camps nazis*

« Aussi longtemps que les lions n'auront pas leur historien, les récits de chasse tourneront toujours à la gloire du chasseur. »

Proverbe Africain, le temps d'un narratif africain !

Sommaire

AVANT-PROPOS

Où va l'Afrique ?

Espoir ou désespoir ? Le continent africain est, depuis des années, ballotté entre au moins deux possibles. Le premier est porté par les tenants de l'afro-optimisme, irréductibles dans leur conviction que le temps de l'Afrique n'a jamais été aussi proche en raison des promesses illimitées que ses potentialités, dans tous les domaines, lui offre. À leur opposé, un autre narratif africain persiste pour ne retenir que les revers qui n'en finissent pas de donner raison aux afro-pessimistes, ravis de lister les désordres persistants sur la marche africaine.

Deviner l'avenir du continent n'en devient que plus difficile. Un vrai casse-tête... africain. La situation est rendue plus complexe par les changements de tous ordres, les mutations sociétales, technologiques, politiques et économiques qui s'y produisent à un rythme étourdissant. Elles s'ajoutent à celles en cours dans le reste de la planète avec les conflits toujours non résolus, notamment en Syrie, les migrations de populations désespérées, l'atonie de l'économie mondiale, les nouvelles pandémies, la crise de l'emploi dans le monde entier, les violences religieuses et terroristes, le tout sur fond d'une dramatique absence de clarté dans le leadership international alors que les ruptures d'une rare ampleur se mettent en place sur tous les segments de la vie humaine. Dans le passé, de tels mouvements et évolutions auraient provoqué des secousses profondes sur les sociétés étatiques et politiques du monde, comme on l'a constaté avec les conséquences nées des turbulences ayant précédé et suivi la fin de la guerre froide, il y a près de 30 ans.

L'espoir pointe cependant pour qui sait lire les signes sur les murs de l'histoire en mouvement. Des signes nouveaux surgissent qui donnent à penser que le moment actuel est propice pour revisiter le sort du continent, en le replaçant dans un contexte qui voit l'émergence des femmes à des positions décisives de leadership, notamment à la tête des grandes nations industrielles (Allemagne, Grande Bretagne), à la tête d'importantes nations industrielles, sans oublier les positions d'influence occupées par d'autres comme Christine Lagarde, directrice générale du FMI ou encore Michelle Bachelet à la présidence du Chili. On peut aussi déjà parier qu'après le nouveau Secrétaire général de l'Organisation des Nations unies (ONU), Antonio Gutteres, une femme prendra les rênes de l'instance universelle.

Il a fallu de très peu pour qu'Hillary Clinton, ne vienne leur donner le coup de collier décisif. Tout avait été mis en œuvre pour qu'elle parvienne à son but. Mais, candidate privilégiée de tous les sondages et analystes, expression d'un establishment désormais cerné par des forces insaisissables, mais décidées à remettre en question l'ordre établi, l'épouse de Bill Clinton est tombée au pied du podium.

L'élection surprenante, le 8 novembre, du Président des États-Unis en la personne de Donald Trump, celui que personne ou presque n'attendait là, et la désignation d'un nouveau patron de l'ONU, s'inscrivent dans des tendances lourdes symptomatiques des lignes qui bougent partout, y compris en Chine où la volonté de s'imposer en leader autoritaire a fini de faire de Xi Jinping l'équivalent sur le papier du Grand Timonier, Mao Tse-toung, avec les risques que l'on peut deviner dans la gestion des grands défis posés à son pays par une proximité géographique conflictuelle.

L'Afrique n'est pas en reste. Toutes ces évolutions affectent sa marche. Sans compter qu'au plan politique, écartelée entre le rêve d'un renouveau démocratique et les régressions sur ce front, l'Afrique est sommée par l'histoire de saisir ce qui s'apparente comme sa chance la plus probante pour jouer les premiers rôles.

Comment peut-elle le faire sans prendre à bras le corps ces élections qui se terminent en queue de poisson dans beaucoup de pays où elles ne rassurent plus personne, notamment au Gabon en août 2016, alors que d'autres scrutins sont « cuisinés » pour produire les résultats souhaités dans plusieurs pays. Ailleurs, on constate, à regrets, que le temps des Constitutions rapiécées en fonction des échéances politiciennes n'est pas fini pendant que le reflux, çà et là, des libertés publiques continue de s'observer bien qu'on soit à un âge où l'avènement de la virtualité numérique, celle incarnée par l'Afrique 2.0, est en train de changer la face de la planète.

Sur le plan sociétal, tranchant avec le paradoxe des sociétés non africaines où triomphe un blues généralisé, le continent livre au reste du monde un secret impénétrable. En dépit de la gravité de la crise qu'il vit encore, nulle part ne peut-on y trouver cette désespérance oppressante que l'on voit sur les visages ailleurs, dans des terres souvent plus nanties en termes économiques.

La résilience des Africains, visible par les sourires dans les rues des villes accablées par la pauvreté et les déficiences urbaines ou dans les villages les plus démunis, tranche avec le désespoir qui prend à la gorge les sociétés industrielles voire postindustrielles. Ce sentiment optimiste y prévaut malgré les mouvements erratiques de ses économies nationales, qui alternent entre des pics et des dégringolades selon la montée ou non des matières premières, l'attrait du continent aux yeux des investisseurs et des décideurs des affaires du monde ou encore le narratif que des 'experts' étrangers écrivent sur son compte.

Depuis plus de trente-cinq ans, pour avoir parcouru l'Afrique, parlé avec ses peuples et dirigeants, vécu son réel, subi ses revers, rencontré des escrocs qui se présentent en investisseurs, grands banquiers, industriels, ou simples courtiers, tous prêts à tenir le discours rassurant du monde institutionnel, et vu à l'œuvre les prédations des élites politiques, sociales et économiques africaines et internationales, y compris du système multinational, j'ai vu de près les raisons à l'origine des blocages sur la route du progrès possible de l'Afrique.

L'objet de cet ouvrage est de refaire un tour d'horizon de l'Afrique depuis les indépendances, surtout depuis la fin de la guerre froide, pour proposer des pistes vers la réalisation du rêve africain, vers son destin de nouvelle frontière du développement, de la consommation, de la dynamique démographique, d'un repositionnement marketing qu'elle peut légitimement revendiquer.

En transformant ses frustrations en plages d'une… naissance, plus que d'une renaissance, africaine dans une planète prise entre les tendances mondialisantes et celles, émergentes, d'une démondialisation.

Ce livre est celui d'une Afrique promise, demain, à un renouveau, nonobstant les obstacles, les désordres, la pauvreté et les crises politiques ou économiques qui se trouvent actuellement sur son chemin !

PRÉFACE

Un projet opportun !

La fin de la guerre froide, en 1989, a été le fait déclencheur d'une nouvelle ère dans les affaires du monde. Comment l'Afrique s'en est-elle sortie depuis lors ? Que reste-t-il des espoirs et attentes nés de ce moment décisif qui a lancé la période que nous vivons, à ce jour, celle de l'après-guerre froide ? Quel est le statut de l'Afrique maintenant, à la lumière de son évolution entre la fin du XXe siècle et ce XXIe siècle toujours en gésine ?

Ces questions et d'autres encore du même type méritent d'être soulevées dans la mesure où, comme d'autres régions du monde, l'Afrique a connu des changements majeurs qui sont en train de redéfinir son image, avec un impact profond sur sa marche tout en conditionnant son avenir…

Tout avait débuté avec joie et grands espoirs quand en ce jour mémorable du 9 novembre 1989 le mur de Berlin s'écroula sous la pression de milliers de candidats à la liberté qui se précipitaient pour sortir de ce qui était alors l'Allemagne de l'Est, pays où ils se sentaient à l'étroit, sous la gouvernance d'un régime autocratique…

Grâce aux nouveaux médias, de portée globale, préfigurant la nouvelle révolution technologique à venir, les événements autour de cette destruction du fameux mur avaient frappé les imaginations à travers toute la planète, y compris en Afrique.

Car pendant très longtemps les rivalités entre le camp communiste, sous la conduite de l'ex-Union Soviétique, et celui du capitalisme, sous celle des États-Unis d'Amérique, avaient imposé des contraintes politiques sur presque tous les pays africains. Très peu, parmi eux, pouvaient se permettre de se tracer une voie indépendante voire de se doter d'une stratégie nationale sans être influencés par les conditionnalités du duel Est-Ouest.

À l'évidence, avec sa fin, il semblait soudain possible pour l'Afrique de revendiquer son indépendance politique dans la mesure où les puissances de la guerre froide, y compris les anciens pays colonisateurs, commençaient à s'en retirer. C'est le début d'une période où le continent fut sous-traité aux institutions financières internationales et aux organisations non gouvernementales, autant qu'au système multilatéral onusien, aussi pressés les uns que les autres de remplir le vide qui s'offrait à leurs yeux.

L'importante réduction de l'aide publique au développement qui s'en est suivi était un autre défi placé face aux pays africains ; comme l'étaient aussi les guerres idéologiques par procuration, telles que celles faisant rage en Angola et au Mozambique, lesquelles seront accentuées par des conflits internes sanglants insensés – comme mon pays, le Liberia, en devint l'une des victimes en 1990 à l'aube de l'après-guerre froide dans un contexte où l'Afrique avait perdu sa pertinence vis-à-vis des pouvoirs géopolitiques d'alors…

Pourtant, en ces circonstances cruciales, malgré la persistance des guerres civiles, des tensions politiques et des difficultés économiques, qui avaient justifié l'imposition de politiques d'ajustement structurel sur la plupart des nations africaines, et même la survenue du plus dramatique génocide de récente mémoire, celui intervenu au Rwanda en avril 1994, le sentiment le plus important en Afrique était… l'espoir !

Cela se reflétait particulièrement dans le sentiment à travers le continent qu'il serait bientôt possible pour les Africains de gérer leurs propres affaires. D'ailleurs, ils célébrèrent l'indépendance de la Namibie en mars 1990 et puis après la libération, la même année, de Nelson Mandela, avant que la fin de l'apartheid fût actée avec l'organisation, pour la première fois depuis 1948, d'élections multiraciales en Afrique du Sud, en 1994.

Les transitions démocratiques devinrent une réalité puisqu'elles élargirent les espaces de libertés politiques partout dans le monde, y compris en Afrique. Le rêve était de voir un nouveau monde débarrassé à jamais des pratiques dictatoriales. Et on crut bien y être arrivé avec la floraison, même dans les régions de traditions anti-démocratiques, où l'on vit surgir, comme champignons en saison des pluies, de vigoureuses démocraties multipartisanes jusque dans les pays habitués aux systèmes de partis uniques. Toutes ces évolutions se produisirent tandis que l'Afrique se retrouvait en plein dans la mondialisation émergente. Elle est désormais un acteur qui compte, malgré ses faiblesses, dans ce processus qui voit se mettre en place des méga-États, comme la Chine, le Brésil, l'Inde, l'Amérique, voire l'Europe en tant qu'État quasi-fédéral. C'est que le continent africain peut jouer un rôle économique et géopolitique en raison d'enjeux mondiaux, tels que le terrorisme, les pandémies transfrontalières ou la cybercriminalité...

Du fait de ces transformations déterminantes, il devient urgent pour l'Afrique de faire le bilan de ce qui s'est passé depuis la fin de la guerre froide afin d'analyser sa situation présente pour définir ses perspectives. C'est précisément l'objet de ce livre sur l'Afrique rédigé par Adama Gaye, l'un des intellectuels, journalistes, africains, les plus connus.

C'est un projet qui vient à son heure. La réalité est que cela correspond à une grande exigence : nous, Africains, sommes plus que jamais obligés de fournir notre propre lecture de notre destinée de manière candide, mais constructive.

Ancien Éditeur du prestigieux magazine Londonien sur l'Afrique, West Africa Magazine, écrivain et acteur connecté aux principaux décideurs et influenceurs africains, mais aussi aux acteurs de la société africaine, à tous les niveaux, Adama, que j'ai connu depuis plus de vingt-ans, est probablement l'un des plus qualifiés pour entreprendre un tel projet. En tant que panafricaniste engagé, dont la compréhension des questions africaines est l'une des plus fines qui soient, il fournit dans ce livre une grille de lecture de premier ordre à ce tournant décisif dans la marche du continent.

Je suis sûre que des lecteurs ordinaires, Africains et non-Africains, autant que les décideurs intéressés au destin de l'Afrique, le trouveront utile à cette étape où nous les Africains tentons de faire de grands pas pour devenir les acteurs majeurs dans les affaires mondiales. Notre continent le mérite !

Bonne lecture !

Monrovia, le 5 septembre 2016,
Ellen Johnson-Sirleaf, Présidente du Liberia
Présidente en exercice de la Cedeao,
Prix Nobel de la Paix.

Introduction

Les germes d'une renaissance

> « L'Afrique ouvre en ce début de siècle un nouveau chapitre de son histoire. Comme à chaque changement d'époque, la page est blanche ; cette partie du roman reste à écrire. »[1]

Alors que le monde s'achemine vers un nouveau siècle, le XXIe, la chute du mur de Berlin, le 9 novembre 1989, déclenche des cris de joie qui retentissent aux quatre coins de la planète, à l'exception des rares réduits encore sous l'emprise de la culture socialo-communiste, en particulier la Chine et Cuba. L'ex-Union Soviétique, chef de file le plus important des pays d'obédience communiste, sait alors, pour sa part, que ses adversaires capitalistes l'ont défaite au terme d'une longue guerre froide[2].

L'Afrique, dans son ensemble, est au nombre des régions du monde qui sont à la fête pour saluer ce que tous, ou presque, sur le continent considèrent comme l'aube d'une ère nouvelle. Portés par leurs élans optimistes, rares sont ceux à se souvenir que ce n'était pas la première fois que Berlin décidait du destin continental. Cette fois-ci, à la différence du partage des territoires africains entre puissances étrangères européennes, lors de la conférence éponyme, organisée entre 1884-85 par le Chancelier Otto Von

---

[1] Severino, Jean Michel, Ray Olivier, *Le Temps de l'Afrique,* éd. Odile Jacob, p. 361.

[2] Expression inventée en 1947 par le banquier américain Bernard Baruch.

Bismarck, ce n'est qu'indirectement que l'Afrique est affectée par ce qui se passe dans la capitale fédérale allemande.

Mais ce Berlin-Bis, qui intervient un siècle plus tard, en 1989, est tout aussi décisif pour le continent même s'il n'est pas au centre de ce qui s'y déroule cette année-là. Son impact est plus global et sa puissance est telle qu'il agit en accélérateur de l'histoire, bien qu'aucun expert n'avait vu venir ce séisme dont les conséquences sont le déferlement de profonds changements socio-politiques et économiques longtemps attendus dans le monde entier.

Sur le continent africain, on se mit à penser que ce tournant lui ouvrait un horizon plus dégagé en raison de divers facteurs favorables dont la suppression de la lourde hypothèque représentée par les rivalités entre communisme et capitalisme.

La victoire du monde dit libre, capitaliste pour l'essentiel, signait le délitement de plus de quarante ans de guerre froide, un point d'orgue qui sera définitivement consacré par la dissolution de l'ex-Union Soviétique, deux ans plus tard. Mais il ne faisait aucun doute que l'écroulement du Mur de Berlin en était le moment psychologique-clé. La réunification allemande, un an plus tard, en 1990, et le démembrement de l'ex-Union soviétique, en 1991, s'ajoutaient aux mutations qui, alors, comme un séisme d'une rare magnitude, secouaient un monde brutalement projeté vers un inconnu insaisissable dont les contours n'ont pas fini de se dessiner.

Nul autre continent ne s'est trouvé aussi concerné que l'Afrique pour redéfinir ses priorités, analyser ses lacunes et atouts, afin de se doter de son propre ordre continental dans celui, mondial, unipolaire, multipolaire, voire apolaire, qui, dans une grande incertitude, se met en place, en remplacement de la bipolarisation, certitude intériorisée par tous les acteurs de la société internationale qui l'a longtemps régulée.

En vérité, la guerre froide avait gelé l'évolution économique et surtout politique du continent en dépit des conflits par procuration menés par les relais que les puissances des deux camps y avaient, en particulier les représentants des anciens colonisateurs européens pour ce qui concerne les États-Unis d'Amérique. La preuve en est que les enjeux qui tenaient aux Africains, notamment la réalisation de l'unité africaine, la libération des pays encore sous domination étrangère, surtout ceux sous colonisation portugaise ou contrôlés par des minorités blanches (au Zimbabwe, alors Rhodésie, ou en Namibie), la fin de l'Apartheid, les progrès économiques ou démocratiques ne s'analysaient qu'à travers le prisme de la guerre froide. Autant dire que la chute du Mur de Berlin, en ce qu'elle ouvrait un chapitre vierge dans les relations internationales, constituait aussi pour l'Afrique un tournant décisif…

Déjà, les prémisses annonciatrices de l'effondrement du camp soviétique avaient généré dans maints États africains de nouvelles revendications pour en appeler, avant la lettre, à une transformation politico-économique en profondeur en vue de mettre fin à ce qui apparaissait alors comme une longue léthargie pour le continent. Dans toute l'Afrique, les premières failles dans le bloc communiste d'Europe de l'Est avaient en effet retenu l'attention des peuples locaux : elles étaient intervenues à partir du début des années 1980 avec la montée en puissance du syndicalisme libre en Pologne[3].

Peu à peu, le monde connaissait aussi de nouveaux espaces de communication, dont le plus significatif fut la naissance de la chaîne de télévision mondiale, CNN, qui devint la source instantanée de diffusion et de réception de l'information, préfigurant l'arrivée des bouquets médiatiques de l'internet, des réseaux sociaux et de la transition numérique, sources ayant démultiplié les moyens de communication de masse…

Le relâchement des tensions qui suivit l'arrivée au pouvoir de Mikhaïl Gorbatchev en 1985 n'avait pas non plus échappé à l'attention des populations africaines. Apôtre d'une Glasnost (transparence) et d'une perestroïka (restructuration), aux antipodes des thèses défendues par les précédents leaders de l'ex-Union

[3] Ce syndicalisme est incarné par Solidarnosc et son emblématique leader, futur Prix Nobel de la Paix et Président de la République, Lech Walesa, et à travers les prêches faites par un Pape Polonais, Jean Paul II, haranguant les foules de son pays pour qu'elles n'aient pas peur.

soviétique, dirigeants momifiés par le poids de leur âge avancé et par leur posture dogmatique, le réformateur qui tenait les rênes du Kremlin détonait dans le ciel des relations internationales qui s'éclaircissait soudain.

Cela se passait au moment même où les sociétés est-européennes tentaient de se dépêtrer de la chape de plomb qui avait inhibé toute transformation en leur sein dans un moule formaté depuis Moscou.

Voilà donc que la lueur d'espoir provoquée par un faisceau de facteurs allait déboucher sur la fin d'une guerre froide que la fermeté d'une administration américaine sous le leadership de Ronald Reagan, puis de Georges Bush-père, avait contribué à réaliser. La fermeté américaine était motivée par l'instinct de ses dirigeants d'alors : ils savaient que l'Union soviétique était désormais à bout de souffle. Elle ne pouvait plus tenir tête aux USA dans la coûteuse course aux armements et, progressivement, il ne lui restait qu'à accepter sa position de faiblesse dans les négociations pour le désarmement avec son rival, alors au pinacle de son pouvoir.

Un autre facteur avait joué : la baisse drastique – provoquée ou venue du ciel ? –, surtout en 1986, des prix des hydrocarbures, principale source de revenus de Moscou, allait éroder ce qui restait encore de son pouvoir de négociation.

Le contexte d'ensemble, notamment la performance des économies des pays de l'Est, avait aussi ajouté au processus dans la mesure où le modèle économique de partage égalitaire des ressources, au cœur du projet communiste, était contredit par les pénuries que subissaient les populations soviétiques et celles des pays sous la domination de Moscou auxquelles le paradis sur terre avait été prédit. Ce qui n'avait rien à voir avec l'enfer qu'elles vivaient et qui était de nature à rendre aléatoire l'atteinte des idéaux communistes.

Dans ce contexte, les avantages consentis dans les pays communistes à la nomenklatura, l'élite, au pouvoir, devenaient la goutte d'eau de trop.

L'Union soviétique reçut son premier véritable coup de massue quand les populations est-allemandes décidèrent de percer le mur de

Berlin. Elles avaient senti que les régimes de Éric Honecker (longtemps patron du Parti communiste de la République démocratique Allemande (RDA), puis celui d'Egor Krenz (son successeur et ami de Gorbatchev), étaient arrivés à leur terme. Elles franchirent le mur sous les regards médusés, mais inactifs, des gardes-frontières, qui en avaient longtemps fait un espace mortel pour quiconque tentait de le passer en vue se rendre dans ce qui fut alors la version occidentale de la RDA, à savoir la République Fédérale d'Allemagne (RFA). Sous les yeux hébétés d'un monde qui n'en revenait pas, voici que ce mur cédait littéralement aux assauts d'Allemands de l'Est votant avec leurs pieds pour indiquer que l'Empire soviétique vivait ses derniers instants. Longtemps perçue comme un continent, hors du temps, l'Afrique put cependant suivre le film de la chute du mur. En direct. Et, d'une certaine manière, ce moment marque son entrée dans la nouvelle ère mondialisée qui va profondément changer sa position et son regard sur le monde…

La chute du mur de Berlin est donc un événement digne d'un examen approfondi pour savoir en quoi ce Berlin-Bis, pour l'Afrique, est un phénomène refondateur d'un continent en quête d'une nouvelle, meilleure, identité.

Où en est donc l'Afrique, près de trente ans après ce qui s'apparente à la fin d'une ère déterminante des relations internationales ? Pour y répondre, notre étude s'articulera d'abord autour d'une première partie relative à son cadre théorique et méthodologique ; ensuite, elle analysera, dans une deuxième partie, l'évolution post-guerre froide[4], à ce jour, du continent ; enfin, les perspectives de l'Afrique, dans un contexte de mondialisation accélérée, constitueront la troisième partie de l'étude.

---

[4] André Fontaine, l'ancien directeur du journal *Le Monde* fait remonter la guerre froide au triomphe de la Révolution Russe d'octobre 1917, car par ce terme il faut entendre, en plus de la relation précaire entre l'Est et l'Ouest, l'ensemble de la « confrontation de la puissance soviétique et du monde bourgeois » (in Daniel Pipes, Boston Globe, critique du livre *Histoire de la Guerre Froide* parue en 1968 d'André Fontaine, éd. Panthéon.

Première partie

La mutation agitée d'un continent

L'Afrique est le nouvel Eldorado, en puissance ! Maintes fois, le diagnostic la concernant a été fait en rose. Désormais, le sentiment général s'installe : l'avenir du continent est prometteur, jurent, croix de bois contre croix de fer, tous ceux qui se penchent sur son sort, ces temps-ci, alors que le reste de la planète fixe un regard appuyé sur les dynamiques qui y sont à l'œuvre. « C'est notre chance », s'exclame l'ancien président sénégalais, Abdoulaye Wade, devant un parterre d'étudiants de la prestigieuse institution universitaire française, Science Po, venus, massivement, l'écouter le mercredi 19 octobre 2016 leur parler de cette Afrique de tous les possibles. « Nous avons tout pour être la puissance du XXIe siècle, du moins le continent porteur pendant ce siècle, à la condition que nous nous organisions ».

L'Afrique fait rêver ces temps-ci. Mais tenter de suivre son parcours depuis les indépendances, mais surtout depuis la fin de la guerre froide revient à se prêter à un périlleux exercice. Loin d'avoir été un long fleuve tranquille, sa marche fut ponctuée, et continue de l'être, par autant de pistes plates que de zones escarpées, sur une route rocailleuse. Bien malin a pu être celui qui pouvait diagnostiquer avec exactitude les contours du puzzle que ce cheminement n'a cessé d'être à ce jour.

Cependant, entre les certitudes nées de la défaite de l'idéologie communiste et les nouvelles pistes que lui présente un monde plus ouvert qu'il ne l'a rarement été, le continent dispose de cartes en mains qui en font un joueur particulièrement observé dans maints cercles. Il est désormais dans le jeu mondial après avoir été longtemps confiné à ses marges, dans la périphérie, donnant à la longue, au fil des années, le sentiment qu'il ne pouvait pas sortir de son statut de continent maudit ne projetant que les images négatives associées à son nom. Misère, maladies, famines, conflits, exode des élites, flux des réfugiés, mal-gouvernance, dictatures politiques, incertitudes économiques, en bref son état inquiétant, de tout temps, n'a jamais pu donner au reste du monde de solides raisons de croire en l'Afrique. C'est dans un contexte de désespoir que la fin de la guerre froide marque un nouveau départ pour elle...

CHAPITRE 1

Le diktat néolibéral

> « La démocratie libérale pourrait constituer le point final de l'évolution idéologique de l'humanité et l'étape finale de la forme de gouvernement humain, et, ainsi, constitue la fin de l'histoire. »[5]

Évoquer l'impact de la chute du mur de Berlin sur l'ordre africain qui l'a suivi revient à souligner d'abord une transformation majeure, à savoir la fin de l'alternative communiste sur le continent. Bien avant leur accession à l'indépendance, principalement survenue en 1960, la plupart des pays africains étaient confrontés au choix entre deux manières de voir le monde, et de se gérer. La première les appelait à s'inspirer d'une approche économique dirigiste, couplée à un modèle politique monopartisan, calquée sur le projet communiste de gestion étatique né en Ex-Union soviétique à la suite du triomphe de la révolution bolchevique en octobre 1917.

La deuxième approche était celle, portée par les anciennes puissances coloniales de l'Afrique, sous la dictée des États-Unis d'Amérique, leur chef de file, et leader incontesté depuis la Deuxième Guerre mondiale qui militait pour une vision libérale au plan économique et pluraliste en termes politique.

---

[5] Francis Fukuyama, *La Fin de l'Histoire et le dernier homme*, éd. Free Press, p. 432.

Avec la chute du Mur de Berlin, l'alternative communiste tombe en déshérence. Elle n'est plus au nombre des possibilités offertes aux pays africains. Même ceux d'entre eux qui l'avaient adoptée en tropicalisant ses dogmes, aussi bien militaires, économiques qu'idéologiques s'empressent de s'en détourner sans tarder. Des pays comme le Bénin, le Congo-Brazzaville ou même l'Éthiopie tournent le dos à Moscou et à sa vulgate déchue.

L'ancien Président béninois en exil en France, Derlin Zinsou[6], n'est d'ailleurs pas le seul à avoir de mots trop durs pour qualifier l'expérience communiste vécue en Afrique, notamment par son pays.

Exit le communisme, l'Afrique entière change de cap. Tous ses pays s'orientent désormais vers le modèle libéral alors si triomphant dans le monde que l'universitaire américain, Francis Fukuyama, ne craint pas de prédire, à ce moment-là, la fin de l'histoire qui serait marquée par l'adoption du libéralisme comme référentiel universel pour les pays et régimes politiques.

En réalité, le communisme a certes joué un rôle en Afrique, mais son impact ne s'est fait véritablement sentir qu'au cours des années de la guerre froide où les pays africains étaient déjà indépendants.

Auparavant, entre les premières années post-Deuxième Guerre mondiale et celles ayant ouvert la voie aux indépendances africaines, vers la fin des années 1950, le communisme n'a été qu'une force de soutien théorique dans la dynamique alors enclenchée de libération des peuples et pays africains.

---

[6] S'exprimant dans une tribune publiée dans le quotidien français *Le Monde*, datée du 6 mars 1990, il écrit: « *Que dire du passé ? Que dire d'une demi-génération de communisme à l'africaine ? Que dire d'un pays sans industrie mais gouverné au nom de « la classe ouvrière » ? Qu'il n'a plus de routes, qu'il n'a plus de banques, qu'il n'a plus de produits à exporter, qu'il n'a plus d'écoles depuis dix-huit mois, qu'il n'a plus de salaires pour les agents de l'État, ce qui se comprend puisqu'il n'y a plus d'État. Nous sommes devenus une Roumanie sans exportations, une Bohème sans usines, une Pologne sans charbon, une Prusse sans discipline.* »

Et même si l'ex-Union soviétique s'en était faite l'avocate, excipant du principe de l'autodétermination des peuples, après la fin de la Deuxième Guerre mondiale, au nom des dispositions de la Charte de l'Atlantique signée par Churchill et Roosevelt, sur les côtes de Terre-Neuve, au Canada, en 1941, il faut dire que l'accentuation des rivalités idéologiques qui la mettait face aux pays occidentaux, ceux ayant un contrôle colonial sur le continent, empêchait une traduction concrète de ce soutien sur le terrain. Bien au contraire, fermant les yeux sur ses engagements antérieurs, pris au nom de ses valeurs morales, Washington préféra procéder à un partage des rôles en sous-traitant les pays africains à ses alliés Européens.

Comme sur d'autres régions du monde, notamment dans le conflit naissant opposant Pékin à Taïwan, qui avait vu le Président américain Harry Truman revenir sur son engagement quant à l'appartenance de l'île-rebelle à la Chine continentale du fait de l'implication des troupes maoïstes dans la guerre de Corée au début des années 1950, ce qui les plaçait parmi les propagateurs du communisme, l'Afrique, elle aussi, n'était plus perçue qu'à travers le prisme de l'endiguement du communisme. Nous sommes alors à l'aube d'une longue période où le paradigme de la guerre froide conditionnait la politique étrangère américaine, comme l'avait conçue le diplomate George Kennan, prônant l'endiguement de l'ex-Union soviétique et de son idéologie dans le monde entier.

L'Afrique ne pouvait donc pas échapper à cette vision belliciste des États-Unis dont les intérêts supérieurs liés à la confrontation avec l'autre superpuissance du monde déterminaient leur comportement sur les différents théâtres d'opérations de ce duel.

Si la marge de manœuvre de l'ex-Union soviétique fut rendue étroite pour une intervention directe dans la lutte de libération des pays africains, elle put cependant s'appuyer sur des mouvements et structures dont la création constituait en soi un défi pour l'ordre international occidental.

L'expression théorique de sa fraternité envers les peuples et pays toujours sous le joug de puissances coloniales occidentales était sa seule façon de marquer sa sympathie à leur égard puisque la guerre froide l'avait confinée aux territoires européens qu'elle contrôlait après la Deuxième Guerre mondiale. Contre mauvaise fortune, elle dut faire bon cœur en se mettant derrière les nouvelles plates-formes créées par les pays en quête d'une voix dans l'ordre international et d'une liberté pour retrouver leur souveraineté.

C'est ainsi qu'elle s'effaça derrière Pékin avec laquelle elle n'avait pas encore vécu le schisme idéologique qui allait les séparer quand elle parvint à s'auto-inviter à la première conférence du Tiers-Monde convoquée à Bandoeng, en Indonésie, en avril 1955[7]. Six années plus tard, alors que l'heure de l'indépendance avait sonné pour plusieurs pays africains, Moscou joua derechef la carte d'une intervention indirecte pour peser sur l'émergence du mouvement des Non-Alignés dont le sommet constitutif fut convoqué à Belgrade en 1961 par des pays dont beaucoup venus d'Afrique ne lui étaient pas forcément hostiles.

Pour l'Union soviétique, le tiers-monde et le mouvement des non-Alignés étaient susceptibles de l'aider dans sa stratégie pour entrer dans des régions du monde, dont l'Afrique, qui lui étaient fermées du fait des impératifs de la guerre froide en vigueur.

Les indépendances africaines allaient lui faciliter la tâche puisqu'elles furent obtenues dans plusieurs cas au forceps, notamment en Guinée Conakry, en Algérie voire au Ghana. Si bien que les puissances coloniales européennes, sous pression, dans certains cas, ne quittèrent le continent qu'au terme de batailles armées, comme l'illustrent en particulier les guerres de libération nationale dans les pays anciennement sous colonisation portugaise,

[7] Les discours tenus par Chou-Enlai, le ministre des Affaires étrangères de la Chine à ce rendez-vous original de pays revendiquant un statut dans un monde divisé en deux camps idéologiques et économiques, autant que les positions prises par les représentants des autres pays asiatiques, latino-américains et africains, résonnèrent comme une douce musique aux oreilles des dirigeants du Kremlin, siège du pouvoir soviétique, qui l'analysèrent comme une damnation des puissances coloniales.

de l'Angola au Mozambique, du Cap Vert à la Guinée-Bissau – ou encore en Algérie française !

Le terreau devenait fertile pour l'enracinement de la doctrine communiste. Ce processus s'accéléra avec les désenchantements économiques nés de la gestion approximative des pays du continent par ses premiers dirigeants, renforcés par le syndrome des pouvoirs omnipotents aux mains de leaders certes charismatiques, nantis de leur rôle, supposé ou réel, dans la réalisation de l'indépendance, mais déjà autocratiques qui imposèrent partout le triomphe du parti-unique, parti-État, dans certaines circonstances, au point de forcer les militaires à sortir de leurs casernes pour renforcer la culture dirigiste à la soviétique dont l'attraction devenait de plus en plus forte…

L'alternative communiste a alors pris une dimension très importante à travers l'Afrique. Le rejet du néo-colonialisme occidental, l'ambivalence des postures des pays sous leadership américain, professant la liberté, mais la restreignant sur le continent, et l'impression que le modèle soviétique marchait en ces premières années d'indépendance, furent autant de raisons qui firent du communisme une approche célébrée dans maints pays africains.

On peut y ajouter comme autre facteur explicatif le fait que les premiers dirigeants africains avaient été moulés pendant leurs années estudiantines, notamment à l'étranger, dans le rêve, la promesse, d'un grand soir révolutionnaire.

À l'expérience, toutefois, le modèle communiste, comme ailleurs dans le reste du monde, avait vite montré ses limites en Afrique. Si bien que dès ses premières contestations dans son centre même, à Moscou, et dans ses satellites les plus proches, les pays d'Europe de l'Est, il ne faisait aucun doute que les jours du communisme étaient comptés en Afrique.

Aussi bien, à l'image du mur de Berlin qui s'écroule, les partis et mouvances communistes sur le continent n'étaient plus en odeur de sainteté. Désormais, l'Afrique s'inscrivait à l'école libérale avec d'autant plus de force que le terrain avait été préparé par des années d'activisme occidental à travers des aides publiques au développement conditionnées à l'ancrage à une vision éloignée du modèle communiste. Il a notamment fallu l'action menée au cours des années 1980 par les institutions de Bretton Woods pour imposer définitivement le corset libéral à la plupart des pays africains.

C'est que surpris, entre-temps, par la chute des prix des matières premières, base de l'embellie africaine pendant les deux premières décennies des indépendances, et frappés de plein fouet par une crise émergente de la dette, déstabilisés dans leurs balances commerciales et de paiement par un environnement international défavorable, ils n'avaient plus eu d'autre choix que de se rendre, sébiles en mains, vers le Fonds monétaire international (FMI) et la Banque mondiale (BM), deux des piliers de l'ordre occidental, pour y trouver des réponses à leurs impasses.

Ce furent naturellement des années difficiles pour le continent[8] : elles coïncident avec ces ajustements structurels qui seront imposés aux pays africains notamment par d'une amère médecine libérale à leurs économies.

Le néo-libéralisme dont les champions au plan politique n'étaient alors autres que les dirigeants des deux plus influents pays occidentaux, l'Angleterre et les États-Unis, à savoir Margaret Thatcher et Ronald Reagan, connaissait un triomphe universel, à commencer par les campus universitaires où les théories néolibérales de Milton Friedmann, grand gourou du monétarisme de l'École de Chicago, et le discours en faveur d'un Consensus dit

[8] Le néo-libéralisme, dont les champions au plan politique n'étaient alors autres que les dirigeants des deux plus influents pays Occidentaux, les États-Unis et l'Angleterre, à savoir Ronald Reagan et Margaret Thatcher, connaissait un triomphe qui s'exprimait partout, à commencer par les campus universitaires où les théories néolibérales de Milton Friedmann, le monétariste de l'École de Chicago, et le discours en faveur d'un Consensus dit de Washington porté par Jan Williamson, militant pour une réduction du rôle de l'État trouvèrent en Afrique un écho plus ou moins favorable en raison de l'éviction du modèle communiste.

de Washington porté par John Williamson, militant pour une réduction du rôle de l'État, trouvèrent en Afrique un écho plus ou moins favorable en raison de l'éviction du modèle communiste.

Le diktat néolibéral fut progressivement accepté dans toute l'Afrique après la chute du mur de Berlin. En dehors des quelques contestations portées par les adversaires des politiques d'ajustement structurel, notamment au sein de la Commission des Nations unies pour l'Afrique (CEA) dirigée par le Nigérian Adedeji Adebayo, mais sans grande incidence sur la profonde morsure du libéralisme économique, les conditions étaient réunies pour placer le continent au nombre des wagons de l'idéologie triomphante de l'heure.

Cependant, les temps ont commencé à changer. Ceux qui craignaient l'avènement d'une pensée unique peuvent envisager une autre perspective avec l'essoufflement du néolibéralisme rendu officiel par la grande crise financière de 2007 ayant frappé les économies et institutions privées occidentales. D'autres facteurs ont aussi déteint négativement sur son image, comme la montée d'un discours altermondialiste et les voix critiques, y compris dans le monde occidental, contre la panacée néolibérale, quitte à générer des icônes xénophobes, nationalistes, dont l'action se lit dans la sortie de la Grande-Bretagne de l'Union Européenne, la popularité de leaders populistes, de Boris Johnson à Marine Le Pen, de Donald Trump aux... djihadistes, protagonistes épars d'un autre monde !

SECTION 1. LA RÉINVENTION DE L'AFRIQUE

> « L'Afrique, comme beaucoup de gens en sont conscients, a subi une histoire torturée, et continue de persévérer sous le fardeau de l'instabilité politique et sous les tensions religieuses, sociales, raciales et ethniques. »[9]

L'écroulement du mur de Berlin sous la poussée de foules est-allemandes déterminées à retrouver leurs libertés individuelles n'a pas qu'agi sur le subconscient de tous les peuples sous domination soviétique. En Afrique, il y fut aussitôt interprété comme la fin des rivalités tendues entre l'Est et l'Ouest dont plusieurs de ses régions étaient devenues le réceptacle. Ces rivalités avaient provoqué des guerres et tensions de part en part du continent : dans la région de l'Ogaden, entre la Somalie, où, s'exclama Zbigniev Brezinski, conseiller pour les affaires de sécurité du Président américain Jimmy Carter, la détente était enterrée dans les sables de cette province revendiquée par la Somalie et l'Éthiopie ; en Angola où les forces hier unies contre le colon Portugais devinrent des ennemis jurés, mortels, encadrés par des puissances étrangères aux intérêts divergents ; dans le Sud-ouest africain où l'indépendance de la Namibie fut liée au retrait des troupes cubaines d'Angola ; en Afrique du Sud où l'apartheid ne tenait plus qu'en raison de la volonté américaine de ne pas voir ce verrou stratégique tomber entre les mains de l'Union soviétique ; au Zaïre où Mobutu, l'homme des Occidentaux, pouvait se maintenir au pouvoir, sans respecter les principes démocratiques ou de bonne gouvernance, tant qu'il jouerait le rôle de gendarme de leurs intérêts ; ou encore partout ailleurs où la relation Est-Ouest était la grille de lecture principale des actes posés çà et là par les pouvoirs en place autant qu'elle alimentait les débats sur les campus et au sein des états-majors politiques.

---

[9] Chinua Achebe, *Afrique, États altérés, miracles ordinaires*, par Richard Dowden, 576 p., éd. Portobelo Livres.

La guerre froide avait un impact si puissant que sa brutale conclusion, qui prit de court soviétologues et spécialistes de la course aux armements, laissa un énorme vide qu'États et sociétés se devaient de combler en cherchant de nouveaux paradigmes pertinents pour être en phase avec le nouveau monde qui se dévoilait.

L'Afrique a été particulièrement transformée par cette mutation inattendue. Déjà quelques années avant la chute du Mur de Berlin et l'éclatement de l'Union soviétique, le continent était devenu le théâtre de vigoureux bouillonnements politiques. Ils étaient suscités par les revendications pour l'instauration d'une démocratie pluraliste sur des terres qui étaient tournées vers l'autoritarisme et l'univocité de la parole politique.

Brusquement tirée de sa torpeur, la classe politique africaine longtemps forcée à se contenter de la gestion des États par des formations politiques rétives à la culture du pluralisme allait provoquer de profonds remous. Soudain, le déplacement des plaques tectoniques de la guerre idéologique Est-Ouest créait les conditions de ce que certains qualifièrent de « printemps démocratique » sur un continent plus labouré par les vents chauds de ses déserts que par la neige prélude à des éclaircies printanières.

C'est dans ce contexte que l'Afrique, elle-même, déclencha sa marche vers le pluralisme politique en initiant en 1989 la vague des conférences nationales[10] souveraines, notamment au Bénin, pour acclimater la démocratie dans des espaces géographiques qui en avaient été longtemps sevrés.

Avec ses hauts et bas, la démocratie a sans doute été un facteur déterminant dans la réinvention du continent africain au cours des trois décennies depuis la fin de la guerre froide. Mais elle n'en a pas été le seul. Cette période a en effet aussi vu l'Afrique reprendre

---

[10] Ces conférences furent le point de départ de la nouvelle Afrique au Sommet de la Baule tenu en juin 1990 où, prenant le train en marche, le Président français d'alors, François Mitterrand, exigea de ses partenaires africains de se mettre à l'école de la démocratie pour ne pas être privés de la prime à la démocratie qui conditionnerait, affirmait-il, l'aide de son pays à ceux du continent.

des couleurs avec la fin des guerres les plus meurtrières qui l'avaient transformée en terre inhospitalière. On y enregistra également l'apparition de nouveaux dirigeants plus modernes et ouverts, un léger redressement de ses économies nationales, l'appréciation de ses matières premières provoquée par le retour d'un mastodonte sur son sol (3), en l'occurrence une Chine devenue, avec son propre réveil, une grande cliente pour les produits de base africains. On ne peut pas non plus oublier les effets de la crise financière mondiale sur une Afrique largement déconnectée des marchés financiers, mais frappée par la baisse des investissements extérieurs et victime du contre-choc causé par la chute, depuis l'après-crise financière, des prix des matières premières.

L'Afrique se trouve en réalité à la croisée des chemins, d'un côté elle doit opérer un repositionnement stratégique et de l'autre elle est confrontée à la persistance d'un modèle colonial.

A. Un repositionnement stratégique entre anciens et nouveaux acteurs

« La mondialisation est une force irrésistible et désirable qui efface les frontières, renverse les régimes despotiques, lamine les taxes, libère les individus et enrichit tout ce qu'elle touche », disent ses défenseurs alors que ses critiques considèrent qu'elle « est une force irrésistible, mais non désirable, force maligne qui appauvrit les masses, détruit les cultures, déstabilise la démocratie, impose l'américanisation, tue l'État-providence, ruine l'environnement et célèbre la cupidité »[11].

Dans un contexte marqué par la mondialisation des échanges économiques et des schémas socio-culturels, l'arrivée de nouveaux acteurs étatiques et non étatiques et l'émergence de forces infra-étatiques ont créé de nouvelles conditions dignes d'orienter le destin du continent africain après la guerre froide, dans un monde

[11] Martin Wolf, *Why Globalization works*, p. 13.

où la technologie et les nouveaux moyens de communication de masse, souvent virtuels et individualisés par l'internet, obligent à s'adapter constamment.

Comme il avait su le faire lorsque l'alternative communiste lui offrait la possibilité de jouer ce camp contre celui du monde capitaliste et vice-versa, les nouveaux acteurs qui sont en passe de changer la physionomie des relations du continent avec le reste du monde et de déterminer son propre positionnement sur l'échiquier international lui permettent de jongler entre anciens et nouveaux acteurs. L'opportunisme est aussi africain depuis la nuit des temps.

Dans le passé, la confrontation idéologique Est-Ouest s'était soldée en Afrique par des affrontements indirects, la multiplication des conflits internes ou encore les alliances plus ou moins durables, y compris des permutations surprenantes dont le plus célèbre pendant la guerre froide fut le passage du camp capitaliste à celui du communisme de l'Éthiopie après l'arrivée à sa tête du Négus rouge, Mengistu Haïlé-Mariam, et le changement de camp de la Somalie, communiste, vers le capitalisme, dans les années 1970.

On croyait ces revirements et soubresauts politiques éteints après la fin de la guerre froide. L'ère du consensus sur le modèle économique à suivre est cependant en voie de disparition, et on peut bien se demander si nous n'en sommes pas à la veille d'une nouvelle période de compétition sur le continent ?

Nombreux sont les signes qui semblent l'attester avant la lettre. Si la compétition entre puissances rivales du temps de la guerre froide était violente, visible et tranchée, celle qui émerge, dans le contexte actuel d'une Afrique en transformation, est plus feutrée, mais n'en est pas moins intense.

Elle est le fruit de circonstances plus ou moins voulues qui se sont imposées à tous les acteurs présents en Afrique par la force des choses.

Tout semblait au départ clair : l'extinction de l'alternative communiste rendait le continent sans grand intérêt et la plupart des acteurs étatiques classiques le quittaient avec le sentiment de n'avoir plus rien à y faire. Seuls semblaient y avoir trouvé une raison de s'y déployer les grandes institutions financières internationales ; des militants du business-charity, ces organisations non gouvernementales très fortes pour masquer leurs diverses casquettes afin de se rendre utiles sans exclure d'être au service de maîtres cachés ; ou encore quelques agences onusiennes alors en quête d'une raison de justifier leur existence pour ne pas être au nombre des victimes d'une rationalisation, d'une réduction, des agences internationales dont on se demandait si elles n'avaient pas, pour la plupart, excédé leur durée de vie maintenant que les États-nations se trouvaient en posture de prendre en charge leur propre destin avec l'évanouissement des menaces idéologiques et militaires qui pesaient sur eux.

Banque mondiale et FMI, institutions technocratiques s'il en est, nées de l'ordre international structuré au sortir de la Deuxième Guerre mondiale pendant la conférence convoquée en 1944 dans le Massachusetts, aux USA, avaient été chargées pour la première d'aider à la reconstruction de l'Europe, puis d'aider les pays en développement, et pour la seconde de voler au secours des pays confrontés à des problèmes de balance de paiements. Leur présence sur le continent après la fin de la guerre froide signifiait qu'elles avaient été laissées là pour perpétuer un ordre occidental en 'traitant' technocratiquement l'Afrique. De fait, au moment où la guerre froide vivait ses derniers instants avec le relâchement des tensions observées à travers les derniers Sommets entre Gorbatchev et Reagan, et les avancées sur le front du désarmement, à partir du milieu des années 1980, ces deux institutions avaient pris une place encore plus prépondérante dans la vie des pays africains, lesquels étaient inscrits, pour l'essentiel, à leur école d'ajustements structurels au plan de la gestion de leurs économies.

La fin de la guerre froide leur laissa encore plus le champ libre puisqu'elles étaient désormais seules sur le terrain et semblaient tirer leur légitimité du triomphe de la doctrine néolibérale qu'aucune autre ne contestait plus.

Couplée à l'affirmation de la gouvernance démocratique à l'occidentale, imposée aux pays africains, qui vivaient ce que l'on a abusivement appelé le 'printemps démocratique africain', la gestion technocratique des institutions de Bretton Woods reprenait partout les termes du Consensus de Washington en militant pour le moins d'État, la réduction des déficits publics et la privatisation des entreprises publiques. Le corset néolibéral était imposé à tous comme condition d'accès aux financements des institutions trônant sur un continent qui n'avait pas fini de faire face à d'autres défis dont l'impact le rendait toujours problématique.

C'est en effet l'époque où à travers l'Afrique des guerres sauvages sont déclarées du Libéria en Sierra Léone à la Somalie. Guerres violentes, aveugles, pour tenter de capturer les ressources naturelles locales quitte à créer des enclaves à l'intérieur des territoires pour mieux les exploiter, elles mirent en relief les nouveaux chefs de guerre, tels Charles Taylor au Liberia et Jonas Savimbi en Angola, pour ne citer que ceux-là.

« Orpheline », l'Afrique tenta de trouver ses propres solutions avec la mise en place de mécanismes d'interventions régionales, comme la force d'interposition de la CEDEAO (ECOMOG), ou par de nouvelles dispositions adoptées par l'Organisation de l'unité africaine (OUA) à son sommet du Caire de mai 1993.

Il a fallu le génocide au Rwanda au cours de cette même période pour éveiller la communauté internationale à ses responsabilités vis-à-vis du continent. Ce n'est qu'à partir de ce moment que l'on vit l'Organisation des Nations-Unies y multiplier ses opérations de maintien de la paix et, par la suite, la Grande-Bretagne, la France et les États-Unis commencer à taper du poing sur la table pour contenir les conflits qui se déroulaient dans les territoires où ils avaient une certaine influence.

Mais le retour des puissances occidentales en Afrique n'était pas dû à des considérations uniquement philanthropiques – bien au contraire. Surpris par la percée inattendue de la Chine sur le continent qui était devenue indéniable à partir du début des années 2000, résultante d'une stratégie savamment mise à l'œuvre, les pays occidentaux n'eurent d'autre option que de passer par la voie la plus subtile pour tenter de rogner sur son avance. Les conflits africains leur en donnèrent la légitimité.

C'est ainsi que Londres profita de la crise en Sierra-Léone, avec le renversement du Président Ahmad Tejaan Kabaah, pour envoyer ses forces aux côtés de celles de la CEDEAO (principalement nigérianes) afin de rétablir l'ordre constitutionnel dans ce pays qui fut sa colonie dans le passé. Il n'empêche, dès la victoire sur les forces illégales réalisée, le constat était fait qu'entretemps des entreprises chinoises, profitant du chaos, avaient consolidé leurs bases dans le pays, y compris en construisant sur place ce qui, alors, en était le plus grand réceptif hôtelier : le Bintoumani !

Les troupes françaises engagées dans la crise ivoirienne, non loin de là, sur le joyau de leur ancienne couronne coloniale, n'eurent pas la désagréable surprise d'y trouver une présence chinoise massive, mais n'eut été le climat de guerre civile ayant divisé le pays en deux, entre le Nord et le Sud, et les risques de son extension, il ne fait pas de doute que Paris aurait eu toutes les peines du monde pour obtenir la sanction du Conseil de Sécurité de l'ONU pour contribuer à la défaite militaire du Président sortant, Laurent Gbagbo, dont le refus de concéder la victoire à son adversaire électoral, Alassane Ouattara, avait mis le feu aux poudres.

Même les États-Unis firent eux aussi appel à leur passé pour légitimer leur retour en Afrique. La guerre au Liberia, république fondée par des esclaves noirs américains affranchis, leur en donna le prétexte. Au milieu du crépitement des armes, il a suffi qu'un navire de guerre américain mouille sur les côtes libériennes et que le Président Georges Bush-junior déclare que Charles Taylor doit s'en aller pour que les jeux soient faits. Pour redorer son image passablement écornée par son intervention en Irak, quelques mois plus tôt, en mars 2003, pour renverser le régime de Saddam Hussein, dans une guerre qui n'a pas fini de faire des vagues, le président américain avait trouvé au Liberia une occasion en or de faire, selon un mot à la mode, le buzz…

Plus tard, dans une alliance qui n'était pas sans rappeler le partage de l'Afrique à Fachoda, en 1898, les puissances occidentales donnèrent leur feu vert à une intervention en Libye, sous l'égide de l'Organisation du Traité de l'Atlantique Nord (OTAN), pour imposer une zone de non-vol à l'armée de l'air du Colonel Kadhafi et, ce faisant, contribuer à sa chute. Certes, en agissant ainsi, elles ne s'attendaient pas à ouvrir, comme en Irak, la boite de pandore renfermant des forces asymétriques devenues depuis les promoteurs d'un terrorisme déstabilisateur sur l'Afrique et bien au-delà. Les plus cyniques ont pu penser qu'elles n'en avaient cure, mais qu'en réalité leur seule ambition était de projeter l'image du duo Sarkozy-Cameron, du nom du Président français et du Premier ministre britannique d'alors, debout à Benghazi, place forte de la rébellion libyenne, pour acter leur victoire non seulement sur le tonitruant et fantasque dirigeant déchu du pays, mais pour reproduire le symbole de Fachoda où le Britannique Kirchner et le français Lemarchand* avaient un siècle plus tôt tracé les lignes de la division qu'ils établissaient au nom de leurs deux pays sur un continent dont la colonisation venait d'être finalisée.

Le retour des puissances occidentales sur le continent a sans doute été facilité par leur puissance de feu et leur capacité à utiliser les mandats détournés de la communauté internationale, mais il a aussi pris d'autres chemins plus vicieux, efficaces.

Ce ne sont plus la maîtrise des ports et des forts, l'envoi de missionnaires chargés, bibles à la main, de soumettre des peuples travaillés au corps et à l'esprit au nom de Dieu, qui ont donc été les portes de ce nouveau retour, quasiment néocolonial des puissances européennes.

Ce qui l'a encore plus facilité c'est la projection des entreprises occidentales dont le rôle n'était autre que d'être les nouvelles armes de domination massive des pays africains au moyen d'instruments légaux, la mainmise sur les secteurs névralgiques, tels que les télécommunications, l'énergie, les ports, les chemins de fer, etc. À ce jeu, la France, promotrice d'un capitalisme d'État, est la plus forte de toutes. Son action africaine est désormais portée au-delà des opérations militaires déployées entre le Mali, la Côte d'Ivoire et la RCA (République Centrafricaine) par ses nouveaux capitaines d'industrie, notamment les 3 B : Bolloré (qui contrôle les Ports et les chemins de fer francophones d'Afrique), Borloo (qui tente de forcer l'Afrique à lui sous-traiter son développement en énergie électrique) ou encore Bretton (du nom de Thierry Bretton ancien ministre des Finances de France et ex-patron de France Télécoms, qui se redéploie dans l'industrie des services en Afrique).

Plus insidieuse que la percée fracassante de la Chine, celle des puissances occidentales pourrait sceller pour le long terme le destin de l'Afrique par ce que certains n'hésitent plus à qualifier de colonisation... consentie.

B. La reproduction d'un modèle d'exploitation coloniale

Une question s'impose ici : le modèle des pays émergents qui ne sont plus appelés que par l'acronyme BRICS[12] suffira-t-il à inverser la vapeur de cette reprise en mains occidentale ?

Se trouvant en quête de nouveaux repères pour donner du sens à leur développement, les pays africains ont plongé dans les bras des nouveaux acteurs étatiques venus, comme eux, de ce que l'on a appelé le Grand Sud, et en ont donc fait des exemples à suivre.

La Chine a été la première à s'imposer à l'Afrique depuis que le monde l'a redécouverte, après une période de marginalisation consécutive aux événements de Tiananmen survenus en juin 1989[13].

[12] Expression traduisant les pays composant le principal groupe d'entre-eux – Brésil, Russie, Inde, Chine, Afrique du Sud.

[13] Quand les troupes chinoises écrasèrent dans le sang, par milliers, les étudiants qui s'étaient réunis sur la célèbre place au centre de Pékin que borde le siège du Parti Communiste Chinois, le Mausolée de Mao Tsé-toung, la vieille cité interdite, et, non loin de là, la résidence des hommes de pouvoir du pays, Zhongnanhai.

Comment ce pays a-t-il pu inverser la tendance pour devenir aujourd'hui la deuxième économie mondiale en parité de pouvoir d'achat (PPP) juste derrière les USA et sur le point de prendre la tête de la course ? On oublie presque combien elle fut naguère si pauvre, traversé par des tourments à n'en plus finir, sous une quasi-colonisation occidentale de 1845 à 1945 quand des pays européens, l'Amérique, mais aussi le Japon s'y taillèrent des zones de non-droits, lui infligeant ce qui est connu comme le siècle de l'humiliation de la Chine ?

Sa stratégie de modernisation et d'ouverture économiques, la gestion patriotique de sa souveraineté, sa capacité à sortir plus de 400 millions de ses habitants de la pauvreté, et son capitalisme étatique ne laissent plus dépourvus d'alternative les pays africains qui peuvent désormais regarder au-delà du tout néolibéral.

En quelque sorte, Pékin a remplacé Moscou dans l'offre d'un développement alternatif que le communisme, dirigiste, incarnait face au modèle capitaliste.

Le Consensus de Pékin, que certains opposent à celui de Washington, est analysé comme un package où les libertés démocratiques sont rabotées par un État puissant, décideur et stratège, qui agit selon le Léviathan, cher à Thomas Hobbes, et dont la mission est de procurer des biens publics, en termes de sécurité, emplois, développement économique, en échange d'une soumission du peuple à sa volonté.

Dans un continent africain où l'autoritarisme politique a longtemps eu droit de cité, le modèle Chinois ne manque naturellement pas d'adeptes. Il n'est toutefois pas encore parvenu à s'imposer dans un contexte où les combats démocratiques menés au cours des trente dernières années ont laissé des traces dans le subconscient des Africains plus que jamais déterminés à en préserver les acquis pour ne pas retomber dans la période où leurs pays étaient sous l'emprise de régimes politiques autocratiques, dictatoriaux.

Les autres pays membres du BRICS ont eu moins d'impact en Afrique[14] même s'ils ont eux aussi fait assaut de disponibilité pour se faire une place au soleil africain. Tout au plus certaines institutions financières russes, comme la banque d'affaires Renaissance Capital, ont-elles essayé de prendre pied sur des pays du continent ou institutions financières africaines en y investissant, mais ce fut un mouvement éphémère. À tel point que d'aucuns en arrivent à se demander s'il ne s'agissait pas là d'une entreprise de blanchiment de capitaux. Au total, malgré sa volonté d'incarner une renaissance russe pour redevenir un État qui compte au niveau international, dans la tradition de l'héritage légué par Pierre-le-Grand, la Russie d'aujourd'hui n'a pas su s'imposer sur le continent ni retrouver les parts de marché politique dont l'ex-Union soviétique, sa devancière, disposait.

Le Brésil a perdu son attractivité sur le continent. Il est aujourd'hui en proie à une tourmente qui la défigure[15]. Sa magie n'opère plus.

La percée des BRICS sur le continent aurait pu être mieux portée, à côté de la Chine, par l'Inde dont le modèle démocratique et les perspectives démographiques autant que l'acceptation de son nouveau statut au plan mondial font d'elle une puissance du XXIe siècle avec laquelle il vaut mieux compter. En plus, après avoir mis en place un dialogue Inde-Afrique[16], ne manque pas d'atouts en Afrique. Par ses financements de projets d'infrastructures, à travers

---

[14] C'est en particulier le cas de la Russie dont les tentatives de percée sur le continent ont été tributaires à la fois des mouvements erratiques des cours de ses ressources en hydrocarbures et des humeurs du patron du Kremlin, le très énigmatique et dur Président Poutine.

[15] Elle s'est traduite par la destitution de sa Présidente, Dilma Roussef, impliquée dans une corruption à vaste échelle, avec d'autres figures de premier plan du Parti des Travailleurs, au pouvoir, dont l'emblématique ancien Président, Lula Da Silva, tous mouillés par les rétro-commissions données par les multinationales brésiliennes, Petrobras (pétrole et gaz) et Odebrecht (grands travaux), le tout complété par le maquillage des comptes publics.

[16] Comme l'illustre le dernier Sommet tenu à Delhi en octobre 2015, l'Inde s'apparente au chef de file des pays non-alignés et du tiers-monde.

sa banque de financement des exportations, son Eximbank, elle a de quoi attirer positivement les regards surtout qu'elle est maintenant sortie de son taux de croissance assez lent, taux dit rajh, dans une des langues de ce vaste pays asiatique, depuis que de nouveaux technocrates comme l'ancien Premier ministre Manmohan Singh ont réussi à lui trouver la voie vers sa modernisation.

Si l'Inde n'avance pas en Afrique, n'y suscite pas un engouement fort, c'est qu'elle traîne la réputation d'un pays raciste à l'égard des noirs. Les images qui circulent sur la toile de l'internet montrant des Africains maltraités dans les rues des villes de ce pays suffisent pour décrédibiliser tous ses efforts en direction de l'Afrique.

Au nombre des pays émergents, ceux du BRICS plus précisément, l'Afrique du Sud est celui qui déroute le plus. Toute l'Afrique s'était mobilisée pour qu'il soit débarrassé de l'apartheid et son principal dirigeant, Nelson Mandela, était perçu comme le plus représentatif de l'Afrique contemporaine. Or, plus de vingt ans après la fin de l'apartheid, il ne reste de ce pays que l'image d'une nation arrogante, ingrate et déclinante sans oublier la violence qui est son lot quotidien. Si on en est arrivé à cette situation paradoxale c'est le fait d'actes posés contre des Africains d'autres pays du continent, dont ceux venant des pays limitrophes ayant payé le plus lourd tribut à la lutte contre l'apartheid, qui ont fait déborder le vase. Partout où l'Afrique du Sud a tenté de convaincre les autres africains de suivre son leadership, ce fut le refus, y compris pour lui accorder l'un des deux sièges permanents que le continent revendique au sein d'un Conseil de sécurité de l'ONU reconfiguré.

La question que les Africains se posent en voyant l'intérêt que les Brics manifestent à leur égard est celle de savoir s'ils ne sont pas eux aussi mus que par leurs propres intérêts. La preuve en est que même les mécanismes de financements qu'ils ont créés, comme la Banque des Brics, ou celle des infrastructures mises en place par la Chine, ne semblent être qu'au service de leur ambition de se tailler une part importante sur le marché africain moins à développer celui-ci.

Au-delà des pays qui constituent le BRICS, on peut relever l'arrivée d'autres acteurs, pas seulement du tiers-monde qui ont pris le parti de faire de l'Afrique leur nouvelle frontière de développement. Thaïlande, Indonésie, Portugal, Espagne ou surtout Turquie sont les plus bruyants parmi ceux qui se bousculent au portillon d'un continent ouvert au business, mais pas toujours selon des conditions qui l'avantagent.

D'une manière générale, aussi bien l'offensive de charme que les pays occidentaux lui font que l'attention soutenue qu'elle suscite de la part des pays émergents des autres régions du monde ne sauraient être ramenées à un quelconque œcuménisme. C'est au nom d'intérêts froidement calculés que les acteurs étatiques et internationaux, actuels ou anciens, qui l'avaient désertée s'y pressent pour l'aborder en courtisans zélés. La réalité est apparue au grand jour quand des observateurs du continent, parmi les plus lucides, ont vite fait d'en diagnostiquer les symptômes les plus marquants[17].

Le traumatisme laissé par la colonisation européenne est resté intact, et la comparaison rapide à faire avec les nouveaux acteurs, qui sont arrivés sur les pas des colons Européens pour tenter de leur damer le pion dans une compétition aux contours essentiellement économiques. Ce que l'histoire retient grosso modo du modèle de colonisation occidentale, européenne en grande partie, c'est qu'elle a été l'aboutissement d'un impérialisme né dans un contexte où, à l'étroit sur le Vieux continent, sans

[17] Le Nigérian Sanussi Lamido, ancien gouverneur de la Banque centrale du Nigeria, et désormais Émir de Kano, autant que le Sud-africain, Moletsi Mbeki, spécialiste en relations internationales et frère cadet de l'ancien Président de son pays, n'ont ainsi pas hésité à mettre en garde contre la reproduction d'un modèle d'exploitation néocoloniale en particulier à travers l'action des pays émergents du Sud, Chine en tête. « Ils prennent nos matières premières et nous revendent leurs produits manufacturés », se lamente Mbeki, reprenant, ce faisant, une critique de plus en plus ouvertement formulée contre la présence chinoise sur le continent.

poches de croissance ni de ressources pour consolider leurs avancées découlant de la révolution industrielle, à partir du milieu du XVIIIe siècle, les pays européens ont fait cap sur l'Afrique alors perçue comme le continent inexploré et objet de tous les fantasmes quant à ses richesses. Pendant plus d'un siècle, après avoir dépecé à leur profit les territoires africains au point qu'il ne restât plus de *terra nullius* (terres sans propriétaire), dans un partage qui fait jurisprudence, les Européens ont méthodiquement pris le parti de piller les ressources naturelles du continent, de les exporter pour les transformer en produits manufacturés avant de les ramener en Afrique et ailleurs pour en tirer des surplus massifs en les revendant.

Malgré l'abondance de ces ressources naturelles et d'une main-d'œuvre bon marché, aucun des colonisateurs européens n'a eu le réflexe ni l'envie de doter les pays sous leur autorité d'infrastructures ou de structures pour ajouter de la valeur sur place aux matières premières africaines.

Cependant, pour on ne sait quelle raison, les Européens ont largement laissé en l'état, inexploitées, beaucoup de ces matières premières de sorte qu'on a même pu penser que le continent n'en disposait pas. Était-ce leur préoccupation avec la guerre froide ? Leur manque d'esprit entrepreneurial européen, moins versé sur l'aventure industrielle que les Américains notamment ? Ou encore leur mépris par rapport à la gestion des matières premières par des élites administratives coloniales plus soucieuses de grandeur que de prendre des risques économiques ?

Toujours est-il qu'à la fin de la guerre froide, l'Afrique apparaît soudain comme un continent qui n'avait pas livré tous les secrets de son sol, de son sous-sol et de ses côtes. Le retour de la Chine, à partir du milieu des années 1990, la réduction des conflits civils et les avancées technologiques se combinèrent pour permettre la mise à jour de ressources naturelles plus importantes. Si bien qu'il est désormais établi que l'Afrique est le continent le plus doté en minerais de toutes sortes en plus d'être en passe de s'imposer dans les énergies fossiles sans oublier son avantage en matière d'énergies nouvelles, surtout solaires !

Indubitablement étant un continent riche en ressources naturelles, il n'en demeure pas moins qu'une grande question continue de se poser à son propos : celle de savoir pourquoi ses interactions avec des partenaires extérieurs n'ont pas encore produit, à son avantage, les fruits de l'exploitation de ses ressources naturelles.

Bien au contraire, le risque d'une mainmise accentuée sur ses matières premières, sans valeur ajoutée ni emplois créés, demeure l'un des plus grands défis qu'il lui faut résoudre. Le fait que ce soit un mastodonte, pays de plus d'1 milliard 300 millions d'habitants, dont les besoins sont astronomiques, qui tente d'en obtenir le plus possible, en fait maintenant un cauchemar.

On se gardera de ne pointer le doigt que sur Pékin puisque les principales ressources minières et énergétiques africaines avaient déjà été prises sous leur contrôle par des intérêts occidentaux avant que l'appétit chinois sur ce qui restait ne devienne un grand sujet dans la relation sino-africaine. La différence, comme l'expliquait Erik Israelewich[18], dans son livre sur la montée en puissance de la Chine, est qu'on ne parle plus d'un acteur ordinaire. Par sa taille et l'importance de ses besoins, la Chine change la donne. Elle rafle tout.

Peut-elle continuer de venir faire ses achats en matières premières sur le continent en le reléguant au bas de l'échelle dans la chaîne des valeurs sans lui offrir de perspectives d'une coopération où le gagnant-gagnant ne dépasse pas le stade de la rhétorique diplomatique ?

Peut-on s'attendre à un changement d'approche chinoise à la lumière du renchérissement de ses coûts de production qui en font désormais un pays moins avantagé qu'il ne l'a été dans le passé quand sa stratégie était fondée sur le tout export ? Parce qu'elle a

---

[18] Erik Israelewich, *Quand la Chine change le monde*, éd. Grasset, Essai, 2005, 296 p.

clairement indiqué que son ambition est de se transformer en pays dont le développement est tiré par les services et par la consommation intérieure afin de ne pas être tributaire des contre-chocs cycliques de l'économie mondiale, on peut penser que la Chine a un intérêt certain à délocaliser en Afrique ses productions manufacturières qui ne tiennent plus la compétition face à celles de l'Indonésie ou du Vietnam pour ne citer que ces deux pays d'Asie du Sud-Est. Il y a là de nouvelles possibilités qui s'ouvrent au continent, nouvelle terre probable de la production industrielle chinoise, dans le style des oies volantes, qui fait que les pays montent en gamme en se détournant de certaines activités, notamment industrielles, sans grande technicité ou polluantes, pour mieux profiter des segments les plus dynamiques de la chaîne de valeurs.

La question est cependant de savoir si les Chinois par trop cachottiers et rarement disposés à partager avec leurs partenaires joueront à fond cette carte pour calmer les critiques contre leur reproduction du modèle d'exploitation coloniale que les Européens avaient été, les premiers, à mettre en œuvre. On notera qu'en Éthiopie d'abord avec la mise sur pied d'une usine de fabrication de chaussures et au Sénégal où une entreprise industrielle chinoise est délocalisée à une trentaine de kms de la capitale, les signes se font jour qui prouvent que Pékin commence à entendre le chœur de récriminations que son action essentiellement centrée sur l'achat de matières premières a créées. Elle ne devrait toutefois pas être la seule à répondre de ces charges justifiées et dont la résolution conditionnera, en bien ou en mal, la marche de l'Afrique dans le monde actuel…

Section 2. Un continent courtisé

> « On constate depuis le XXIe siècle, un reclassement géopolitique pour plusieurs raisons : risques sécuritaires, accessibilité aux ressources minérales et aux hydrocarbures, recherche d'appuis dans les organisations internationales, prise de conscience de l'exception africaine quant à la pauvreté, à la démographie et aux risques liés à la migration, intégration des interdépendances épidémiologiques ou environnementales au sein du 'village planétaire'. »

Pour un continent longtemps inhibé dans sa marche, la fin de la guerre froide sonnait comme une libération inédite. Depuis qu'il se trouve en relation avec le monde extérieur, en commençant par le commerce des esclaves qui lui fut imposé, il y a déjà plus de trois cents ans, l'Afrique n'avait pu avoir une marge de liberté comme celle créée par l'extinction de la rivalité Est-Ouest sur son sol et le réveil d'un discours favorable à sa démocratisation mais aussi pour l'autonomisation de ses politiques économiques nationales.

Juste après la fin de la guerre froide, cependant, l'Afrique n'apparaît a priori qu'en orpheline de celle-ci. L'Union soviétique n'était plus là pour jouer un rôle de contrepoids à l'action des anciennes puissances coloniales européennes et à celle de leur nouveau leader, les États-Unis d'Amérique. En réalité, pour ces derniers, Europe et USA, la guerre froide semblait être la principale raison d'une présence coûteuse sur le continent. Si bien que sa fin fut rapidement le prétexte pour s'en extirper. Ils ne cherchèrent même pas à profiter de leur position de monopole dans la mesure où sollicités par les exigences d'un développement national qu'ils avaient négligé au profit de celles dictées par la guerre froide et en même temps ne voyant plus l'Afrique qu'à travers l'impression d'un continent… maudit, sans espoir, ils la quittèrent dès les débuts des années 1990. Il est vrai que les revers subis par l'armée américaine dans son intervention en Somalie dans le cadre de son opération 'Restore Hope' déclenchée à la fin de l'année 1992, visant à y restaurer l'espoir, et lancée par le Président Georges Bush-père, dans ce qu'il appela la construction des nations, en accéléra le processus. Cela se produisit sous les caméras de CNN, qui, après ses reportages instantanés sur la famine intervenue en 1985 en Éthiopie, trouvait-là l'occasion de prouver qu'un Facteur CNN, la couverture grandeur-nature en temps réel des phénomènes contemporains devenait un élément essentiel dans l'appréciation des relations internationales. En vérité, l'opération *Restore Hope* ne semblait avoir été lancée que pour conjurer les vives critiques nées de la mise en place d'une force multinationale pour chasser les troupes du dirigeant irakien, Saddam Hussein, qui avaient envahi, le 2 août 1990, le Koweït. L'objectif était de montrer que, devenue l'hyperpuissance, la seule au monde, l'Amérique n'allait pas être que le gendarme d'un monde, à ses ordres, mais qu'elle était disposée à être aussi une force de bienveillance au service d'une communauté internationale qui voyait ainsi se réveiller les instances à sa disposition, en particulier un Conseil de sécurité des Nations unies, désormais dégelé après des dizaines d'années de glaciation de son fonctionnement du fait de la guerre froide. Or, non seulement Georges Bush-père fut rappelé à l'ordre par ses compatriotes qui le congédièrent en faisant leur la proclamation de son jeune rival dans la course pour sa réélection à la Maison Blanche, surgi de nulle part, et qui sur les tréteaux électoraux répétait à l'envi que l'enjeu n'était pas de mener des guerres aux antipodes, comme en Irak, mais de se préoccuper de l'économie nationale.

« C'est l'économie, imbécile ! », fut le cri de ralliement de Bill Clinton, obscur gouverneur de l'Arkansas, qui n'avait pas craint d'affronter un Président sortant dont les sondages dépassaient plus de 90 %. Sa victoire consommée, il revenait à Clinton de résoudre l'équation de l'opération en Somalie. Ce fut une véritable quadrature du cercle surtout lorsque les caméras de CNN montrèrent le 18 mars 1993 les corps de soldats américains tués et traînés dans les rues de ce qui restait de Mogadiscio, la capitale somalienne.

C'était suffisant pour justifier la fatigue de l'aide publique et celle de l'Afrique tout court que les premières années post-guerre froide n'avaient fait que consolider. Ce fut un tournant. Si bien qu'un an plus tard, en 1994, lorsque les germes du plus grand génocide de récente mémoire étaient semés au Rwanda, la communauté internationale, ou ce qui en restait, préféra tourner les yeux ailleurs, les fermer, pour ne réaliser que tard, trop tard, la gravité de ce qui se passait dans ce pays gorgé de collines, situé sur la partie Est du continent, et fracturé par des tensions ethniques entre Hutus et Tutsis, que la colonisation Belge n'avait rien fait pour décourager. Sous le choc, le monde entier découvrit qu'un million de personnes avaient été tuées, leurs corps surnageant sur les eaux alentour, faisant du Rwanda un cas d'école de l'inaction de la communauté internationale dans les situations de crise interne.

Le remords dû à cet abandon d'un petit pays, ayant exposé au monde entier la pire face du legs colonial Belge, explique-t-il le regain d'intérêt envers l'Afrique qu'instances internationales, comme l'ONU, et grandes nations développées, occidentales, lui marquèrent à partir de ce moment ? D'autres facteurs pesèrent dans la balance pour transformer l'Afrique et en faire un continent courtisé par toutes sortes d'acteurs, étatiques, non étatiques et par des forces interlopes qui virent ici l'occasion de se redéployer. Le déclenchement d'une guerre aux contours multinationaux dans un autre pays, la République démocratique du Congo (RDC), lui aussi travaillé par les démons de la division plantés par le colon Belge, fut, entre autres, l'une des raisons qui poussèrent le système Onusien, marginalisé lors du traumatisme Somalien et humilié par sa passivité sur le Rwanda, à tenter d'être à la hauteur des défis nouveaux dans le monde. Porté enfin par un Conseil de Sécurité désormais 'capacité' pour assumer la mission que la Charte de l'ONU, en son article premier, lui assigne en tant que principal responsable du maintien de la paix dans le monde, le principal organe de décision de l'ONU a depuis envoyé, en RDC, comme en sept autres pays africains, des missions importantes de maintien de la paix. Cette fois-ci, leur mandat est conforté par les dispositions contenues dans les Chapitres 6, 7 et 8 de la Charte de l'ONU qui permettent le recours à la force pour créer, si besoin, un climat de paix, condition première du développement et de la stabilité.

Un autre facteur contribua à rendre plus attractive l'Afrique : le fait que de nouveaux acteurs dits émergents, Chine en tête, vinrent sur le continent en considérant qu'il était la dernière frontière du développement. D'autres acteurs, pas seulement ceux animés de bonnes intentions, se mirent aussi à la redécouverte d'un continent qu'ils avaient, souvent, à tort, laissé pour perdu.

On peut donc constater le retour en grâce de l'Afrique sur la scène internationale surtout depuis le début du XXIe siècle comme l'illustrent le discours novateur sur sa renaissance proposé par certains de ses dirigeants qui ont en même temps conçu de nouvelles stratégies de développement du continent – notamment via l'adoption d'un nouveau partenariat pour le développement économique de l'Afrique (NEPAD) même si les résultats tardent à se matérialiser ; l'effacement de la dette africaine ; l'invitation du continent aux Sommets des pays les plus industrialisés (G7) et au G20 ; la possibilité d'une entrée de pays africains comme membres permanents au Conseil de Sécurité de l'ONU ; ou encore les percées de certaines économies africaines, en particulier celles de l'Éthiopie et du Rwanda…

L'embellie africaine souffre cependant du retour de bâton causé par la chute des prix des matières premières et par le risque d'une perte de souveraineté des pays africains tant leurs nouveaux courtisans ne diffèrent guère dans leur façon de faire de leurs prédécesseurs, anciens colons ou puissances de la guerre froide, qui avaient maintenu l'Afrique à un statut périphérique.

Le nouveau jour qui s'ouvre pour les pays africains augure-t-il dans ces conditions d'un meilleur avenir ? Il faut, là-dessus, se hâter lentement avant de tirer quelque conclusion définitive !

A. Une nouvelle ruée vers l'Afrique

Consentie ou forcée, voire brutale ou subreptice, la nouvelle ruée vers l'Afrique est l'une des conséquences de la fin de la guerre froide. C'est une partie intégrante de la réécriture de l'histoire d'un continent en mutation…

Le retrait des pays occidentaux avait eu un effet immédiat. Ils avaient quitté l'Afrique cyniquement en la pensant dorénavant dépourvue de l'importance stratégique qu'elle avait eue à leurs yeux au temps de leur rivalité avec le camp communiste. Ils l'avaient délaissée sans ménagement. Leur départ laissa le champ libre à l'arrivée de nouveaux acteurs dont la Chine fut la figure de proue.

On en oublia même que c'est l'Europe qui, la première, avait tenté de mettre en place un nouveau mécanisme post-guerre froide de coopération avec l'Afrique, pour la rehausser, en convoquant au Caire, en avril 2000, le premier Sommet Europe-Afrique, dont le but était de redéfinir les orientations de cette vieille relation, en dépoussiérant les anciens accords de coopération qui octroyaient au continent des concessions préférentielles, avec les différents Accords Europe-Afrique signés à l'aube des indépendances africaines, et connus sous les expressions Accords de Yaoundé, Lomé, Cotonou....On découvrira plus tard que ce Sommet Europe-Afrique dans la capitale Égyptienne n'avait pour objectif que de revenir sur les avantages accordés à l'Afrique sous le prétexte qu'ils ne cadraient plus avec les normes de l'Organisation mondiale du commerce (OMC).

Ces dernières ne permettaient plus la discrimination que créaient les avantages consentis par l'Europe à l'Afrique à travers les différents accords antérieurs. C'est dire que les fameux Accords de partenariat économiques (APE) étaient ainsi destinés à conformer les relations entre l'Afrique et l'Europe avec celles permises par l'Omc. Mais dès leur mise sur orbite, les APE allaient se révéler en vraie pomme de discorde entre les deux parties dans la mesure où très vite, notamment au sein des organisations non gouvernementales et de la société civile, ils suscitèrent une véritable levée de boucliers.

La relation fut encore plus chahutée par d'autres facteurs n'ayant rien à voir avec les échanges commerciaux. C'est qu'après la fin de la guerre froide, l'Europe, prise dans la tourmente de la démocratisation des pays avec lesquels elle était en partenariat, avait fini par en faire la principale conditionnalité dans ses rapports avec eux. La gouvernance démocratique était devenue son critère décisif dans ses relations avec les pays africains, que, bonne âme, elle tentait de mettre sur les rails d'une gestion vertueuse, transparente et démocratique. Les années de réformes politiques qui furent les premières après la fin de la guerre froide pour divers pays africains avaient déterminé le cadre de sa coopération avec le continent. Or, au fil des années, reprenant la main, de nombreux dirigeants africains, convertis tardifs et insincères à la démocratisation, et surtout à ce qu'elle pouvait signifier en termes de transitions démocratiques, étaient revenus sur leurs engagements préalables s'ils n'avaient tout simplement pas torpillé les avancées démocratiques que l'on croyait définitives. Le cas du Zimbabwe se révéla le plus ardu à résoudre surtout qu'en plus de la détermination du vieux dirigeant Robert Mugabe de se maintenir au pouvoir dans son pays, il avait commis le suprême sacrilège d'engager une réforme foncière dont l'objectif était d'évincer de leurs terres les blancs du pays qui en contrôlaient les plus prospères.

Les pays européens décidèrent de ne plus se réunir dans le cadre du Sommet Europe-Afrique tant que Mugabe devait en faire partie.

Ce fut une grave erreur d'appréciation. Piqués à vif, les pays africains, sous la houlette d'une nouvelle et militante Union africaine (UA) née en 2002, en remplacement de l'ex-Organisation de l'unité africaine (OUA) refusèrent de participer à quelque rencontre avec les Européens sans la participation du dirigeant Zimbabwéen.

Il faudra attendre sept ans plus tard avant que contrainte et forcée, l'Europe se résolve à se retrouver avec l'UA, au deuxième Sommet Europe-Afrique à Lisbonne. Ce fut un véritable retournement de situation qui n'aurait pas été possible si entre-temps un éléphant n'était pas entré dans la salle africaine.

C'est qu'un an plus tôt, en novembre 2006, la Chine avait surpris, ébloui, le monde entier, en organisant un grand Sommet de Chefs d'état et de gouvernement sino-africains à Pékin, à l'occasion du 50e anniversaire de l'établissement de relations diplomatiques entre elle et un pays africain, l'Égypte.

Le monde entier était bluffé. Voir plus de quarante Chefs d'État africains descendre sur la capitale chinoise était déjà un événement inédit et, jamais avare en discours de célébrations, les Chinois s'empressèrent de dire à haute voix que cet événement était le plus important rendez-vous diplomatique jamais organisé par leur pays. Sur les murs, à travers la ville, et presque partout sur les grands édifices, des panneaux, avec des animaux africains, comme les girafes, soulignaient l'importance que Pékin accordait au Sommet. Les mots choisis pour le décrire, sur ces panneaux, en disaient long. Ils évoquaient la coopération, l'amitié, la fraternité, bref des termes rien que doux, loin des mots d'ordre sur un ton martial des pays européens dont la relation avec le continent était encadrée par un discours directif, où tout renvoie aux conditionnalités, aux exigences et critères à remplir…

Là, à l'opposé, alors que l'Europe continuait à exiger de l'Afrique qu'elle se réunisse avec elle sans la présence du 'dictateur' Mugabe, la Chine, elle, sans états d'âme, réunissait tous les dirigeants africains, sur un pied d'égalité, sans établir une hiérarchisation entre eux – en États souverains. Sans avoir été à l'origine du traité de Westphalie, que les États européens ont signé en 1648, consacrant le principe de la souveraineté des États, la Chine a su en faire le meilleur usage, sans céder aux phénomènes de mode à l'inverse de ses promoteurs européens[19].

---

[19] Dans ces conditions, le Sommet sino-africain fut un moment majestueux de déploiement d'une relation qui allait encore plus surprendre son monde quand il fut révélé qu'entre l'an 2000 et l'an 2006 les échanges commerciaux avaient déjà dépassé les 40 milliards de dollars entre partenaires sino-africains alors qu'ils n'étaient que de 10 milliards de dollars au début du nouveau siècle. Quelques

C'est que son mécanisme de coopération avec l'Afrique, le Forum de coopération Chine-Afrique (FOCAC), conçu sur le modèle lancé au Caire par l'Union européenne a pu grandir sans être bloqué par les exigences politiques comme celles imposées par l'Europe à ses partenaires africains. Toute la différence est là. On en oublie même que c'est en octobre 2000, à l'initiative de diplomates africains en poste à Pékin que le FOCAC fut inauguré dans le cadre de réunions tri-annuelles au niveau ministériel, avant que sentant le vent en sa faveur les dirigeants Chinois décident en 2006 de le faire monter en gamme, de temps à autre.

Devant les dirigeants africains, qui se sont sentis traités comme des égaux par leur hôte chinois, son discours ne pouvait que résonner comme une douce musique. Le président chinois d'alors, Hu Jintao, aligna les chiffres de l'aide que son pays allait accorder à l'Afrique, en termes de milliards de dollars présentés comme un soutien au développement du continent. Qui, à cet instant, pouvait se demander si le donneur n'était pas, à l'arrivée, le vrai vainqueur dans le gagnant-gagnant si suavement décliné dans l'imposant building du Parti communiste chinois, sur la grande place Tienanmen, ce jour-là ?

Pendant ce temps essoufflée, et en passe d'entrer dans une zone de turbulences financières sans précédent de récente mémoire, l'Europe ne pouvait que constater les dégâts. Pour tenter de les limiter, la chancelière allemande, Angela Merkel, déclara que l'Europe n'allait pas « laisser l'Afrique à la Chine » avant d'exiger que les eurocrates de Bruxelles organisent sans délai le 2e Sommet Europe-Afrique sans aucune… conditionnalité.

À la lumière de ce développement, on peut affirmer sans peur d'être démenti que c'est le retour de la Chine en Afrique qui a poussé l'Europe à y revenir dare-dare. Comme il a forcé les États-Unis d'Amérique à se montrer eux aussi moins regardants sur les critères démocratiques ou de bonne gouvernance dans leur

---

années plus tard, avec plus de 300 milliards de dollars d'échanges commerciaux avec le continent, la Chine est devenue son premier partenaire commercial.

relation avec le continent. Le modèle que représente le FOCAC est même repris par Washington qui a organisé en août 2014 un Sommet États-Unis-Afrique sans exclure aucun des autocrates que Washington exécrait à la notable exception du Soudanais Omar El-Béchir, lequel est sous le coup d'une décision de justice de la Cour pénale internationale.

Sans nul doute, Chine, Europe et États-Unis d'Amérique constituent-ils le trio le plus important parmi les acteurs étatiques à se positionner en Afrique mais par leurs poids géopolitiques et économiques, sans commune mesure avec le reste du monde, leur intérêt pour le continent prouve qu'un jour nouveau s'y est levé. Certains le décrivent comme l'amorce d'une nouvelle ruée vers l'Afrique. Ces géants étatiques ne sont, du reste, pas les seuls à y venir. D'autres États, comme la Turquie, la Corée du Sud, le Brésil, l'Inde, l'Indonésie, le Japon, et d'autres encore ont tous une stratégie africaine, soucieux qu'ils sont de ne pas rater l'affaire du siècle. Multinationales et investisseurs, Organisations non gouvernementales (ONG) et Organisations intergouvernementales (OIG), réseaux criminels et fondamentalistes ou même chercheurs d'emplois savent que les perspectives africaines sont plus belles que celles de plusieurs régions du monde, hier parmi les champions du développement, désormais en panne de croissance et de possibilités. D'importants éléments expliquent ce regain d'espoir pour un continent qui n'est plus analysé, par certains afro-euphoriques, que sous le prisme de ses richesses naturelles de plus en plus nombreuses, de sa dynamique démographique, de sa classe moyenne, de son marché, de ses vastes besoins en infrastructures, ou encore de son envie de réaliser son intégration économique pour traduire en actes le projet de renaissance continentale à l'ordre du jour…

B. L'attrait des ressources naturelles africaines

> « Environ 30 % des découvertes globales de gaz et pétrole faites au cours des cinq dernières années l'ont été en Afrique au Sud du Sahara, reflétant l'appétit mondial croissant pour les ressources naturelles africaines. »[20]

C'est par son sol et ses côtes que l'Afrique redevient attractive après la fin de la guerre froide. Ses ressources naturelles, d'une certaine manière, étaient restées en jachère pendant les longues années de la confrontation idéologique. Dans ce contexte de gel des mesures incitatives pour les investissements extérieurs, sous la menace des conflits générés ou entretenus par les forces idéologiques présentes ou indirectement représentées sur le continent, le climat des affaires était pour le moins inexistant.

Or, la fin de la guerre froide, suivie par un appétit pour l'accélération du développement économique face à des peuples aussi bien Africains qu'étrangers, commandait la mise en œuvre de stratégies de développement qui passaient par l'exploitation des avantages comparatifs des nations et continents désormais non plus engagées dans une rivalité idéologique, mais géoéconomique. C'est cette rationalité qui déclenche le renouveau africain au début des années 2000 quand un partenaire inattendu, en l'occurrence la Chine, revint avec fracas sur le sol africain en quête d'un accès massif aux ressources naturelles africaines dont elle avait un besoin vital pour lubrifier son économie alors propulsée par les effets bénéfiques de sa modernisation et de l'ouverture de son économie, conséquences d'un processus enclenché à partir de l'année 1978 grâce à la vision de son leader d'alors, Deng Xiaoping. Pour un pays qui avait disparu des radars africains, ce retour sur le continent allait frapper les imaginations en soulignant l'importance que prenait l'Afrique. Cette fois-ci, ce n'était plus la

[20] Cf. Africa Energy Outlook, Agence Internationale pour l'Énergie (Rapport sur l'Afrique en 2014).

Chine qui s'était fait connaître à travers le continent par l'envoi de ses médecins aux pieds nus dans les villages et coins les plus reculés et ses experts agricoles ou ses prosélytes prônant, par opposition à celle de Moscou, accusée de révisionnisme, la vision maoïste du socialisme. Cette nouvelle Chine n'était plus qu'une distante copie de ce qu'elle avait été naguère. Avançant à tâtons, faisant sienne le pragmatisme de son leader, elle était désormais dans une logique d'efficacité[21]. En revenant en Afrique, la Chine n'était plus dans la dynamique lancée à Bandoeng puis réaffirmée dans sa première tournée africaine, entre décembre 1963 et janvier 1964, par Zhou-Enlai, son célèbre ministre des Affaires étrangères, dont les principes, toujours en vigueur dans la stratégie africaine de la Chine, se limitaient à militer pour la non-immixtion dans les affaires intérieures des États, le respect de la souveraineté, ou encore la coexistence pacifique. C'est que la Chine avait beaucoup changé depuis. Déjà dès 1982, son Premier ministre Zhao Liyang était revenu sur le continent pour y prêcher l'application d'une coopération économique gagnant-gagnant où perçait une volonté de réduire les soutiens philanthropiques chinois. Refusant d'être un modèle à copier, Pékin avait mis en garde les pays africains qui rêvaient de reproduire sa stratégie. « Nous ne sommes pas un modèle », rétorqua sèchement Deng Xiaoping à deux des dirigeants africains les plus en vue dans le mouvement progressiste, du début des années 1980, le Zambien Kenneth Kaunda et le Mozambicain Samoa Machel.

Ce qu'ils n'avaient pas compris, c'est que la Chine devenue République populaire, le 1er octobre 1949, sous la direction de son chef suprême, Mao Tsé-toung, père de la révolution communiste, était une nation mutante. Au fil des années, le Parti communiste chinois (PCC) pouvait même décliner son sigle en Parti capitaliste chinois tant il s'était métamorphosé en matière doctrinale. Plus

---

[21] « Peu importe qu'un chat soit blanc ou gris, pourvu qu'il attrape les souris », avait alerté Deng, lors d'une visite effectué en 1992 dans la ville-symbole du Sud de la Chine, Shenzhen d'où partirent les premières réformes économiques qui transformeront la Chine.

tard, avec les avancées sur le front de la modernisation et de l'ouverture économique, ce n'était plus la même Chine que celle des débuts, partenaire pauvre, cultivant une fraternité entre pauvres avec les pays africains qui avaient quasiment le même revenu per capita qu'elle, à l'aube des années 1960. C'était une Chine déterminée à jouer la carte d'une coopération fondée sur l'égalité et l'intérêt mutuel, en somme capitaliste, qui revenait sur le continent parce qu'elle avait non seulement besoin de ses ressources naturelles pour maintenir sa propre progression économique en rythme de croisière, mais aussi y trouver des débouchés pour ses produits bon marché très recherchés par une population africaine dont le pouvoir d'achat augmentait. Le signal lancé par le retour de la Chine en Afrique n'était pas passé inaperçu ailleurs chez les nouveaux compétiteurs de l'Empire du Dragon. C'est ainsi qu'à sa suite, de l'Europe aux États-Unis, des nouveaux pays émergents, comme le Brésil ou l'Inde, les acteurs étatiques accouraient vers l'Afrique. Comme s'y bousculaient par milliers les Organisations non gouvernementales et les forces asymétriques porteuses de nouvelles menaces terroristes ou criminelles en tous genres.

L'Afrique redevenait l'objet de toutes les convoitises, comme elle l'avait été un siècle auparavant, lorsqu'elle fut l'objet d'une première ruée décrétée à la Conférence de Berlin, qu'avait convoquée le Chancelier Von Bismarck, entre 1884 et 1885, et qui signa le partage des territoires africains entre les colonisateurs du Vieux continent.

La grande question qui se pose est celle de savoir si l'Afrique dispose des hommes et des compétences pour bien négocier cette fois-ci avec des requins qui viennent sur son sol nantis à la fois des parapluies légaux, mais d'une capacité à se mettre dans la poche quiconque, notamment des leaders continentaux, serait tenté par l'argent facile. En observant comment les ressources naturelles, pétrolières, gazières et minières de l'Afrique, passent entre des mains étrangères, on a de quoi être inquiet face à ce qui s'apparente à une nouvelle reprise en mains de l'Afrique par des forces, non pas seulement étatiques, mais obscures, individuelles attirées par le goût du gain facile !

SECTION 3. LE LEGS DE CONFLITS ENDOGÈNES ET EXOGÈNES

L'ordre africain actuel à bâtir doit largement tenir compte de ce présent fait de prédation, mais du souvenir des traumatismes causés par les violences ayant précédé et succédé la chute du Mur de Berlin. Beaucoup d'entre eux ont laissé des traces dans les pays africains et en ont même modifié la psychologie à tel point que la gestion des crises demeure aussi bien au niveau national que continental l'une des missions les plus consensuelles auprès des décideurs et sociétés africains.

Dans une large mesure l'Afrique a évité les guerres interétatiques à de rares exceptions telles que le conflit ayant brièvement opposé le Mali au Burkina Faso, du milieu des années 1980, ou celui entre la Tanzanie et l'Ouganda, une décennie plus tôt. En fait, l'histoire de l'Afrique la distingue de celle des régions du monde qui ont été forgées par les conflits transfrontaliers à l'instar d'une Europe qui a dû se forcer à créer les conditions pour les arrêter sur son sol. C'est à cette fin que des traités et conventions jusqu'à la création de l'Union européenne, à travers son ancêtre la Communauté économique européenne (CEE), ont été imaginés sur le Vieux Continent. Il en a été ainsi du Traité de Westphalie (1648), de celui du Congrès de Vienne (1815), des Conventions de la Croix Rouge (1949 et de leurs Protocoles additionnels 1977) et de tous les textes de l'Union européenne conçus pour empêcher la récurrence de la guerre.

L'Amérique a été impliquée, par sa volonté exprimée par son Congrès, dans des guerres dites mondiales, mais essentiellement menées sur le sol européennes, et, partiellement, en Asie du fait de l'implication du Japon. Pour ce qui le concerne, le continent africain ne s'y est trouvé mêlé qu'en raison des besoins en troupes africaines que les puissances coloniales y levèrent, mais aussi pour entretenir les économies de guerre pendant les périodes de conflit en Europe ou au loin dans des conflits liés à la volonté de celles-ci de maintenir leur mainmise sur des colonies en Indochine ou même en Afrique, en Algérie ou dans les ex-colonies portugaises.

Les conflits qui ont cependant le plus marqué le continent ont été ceux qui s'y sont déroulés pendant la période où la guerre froide faisait rage ou ceux nés de la détermination des seigneurs de guerre lancés dans des conflits recouvrant les typologies recensées en droit international humanitaire, notamment les conflits armés internes et les conflits armés internationaux, impliquant des forces de toutes sortes, nationales, asymétriques et multinationales.

A. Les guerres de dérivation

Les conflits de dérivation, partie intégrante de la stratégie des principaux protagonistes de la guerre froide, ont trouvé en Afrique un terrain propice où ils ont pu souligner la dimension planétaire de la compétition idéologique alors en cours... Ces conflits sont, d'une certaine manière, une stratégie pour éviter l'affrontement direct entre superpuissances, mais en maintenant une tension dans des foyers situés dans des zones périphériques.

Plusieurs guerres ont ainsi eu lieu sur le continent, surtout dans sa partie australe à l'instigation des deux principales puissances, avec, souvent, l'implication des ex-pays colonisateurs européens, qui assuraient dans ces circonstances leur mission de sous-traitants du leader du camp capitaliste.

C'est sans nul doute la guerre en Angola qui reflète le plus le type de conflits de dérivation dont il est question. Car là on se trouva en présence de forces représentants les grands acteurs de la scène internationale de l'époque. Parce que l'Angola était un pays très convoité pour ses nombreuses ressources naturelles. À son indépendance en 1975 obtenue grâce à l'action d'une coalition de mouvements armés contre le colon Portugais financés par divers pays dont les États-Unis, la Chine, la Russie, l'Afrique du Sud et Cuba, le champ était libre pour donner droit au déferlement des divergences idéologiques que l'union sacrée contre l'ennemi commun avait masquées. L'Angola devint alors très vite le lieu d'une intense et meurtrière guerre civile nationale. Ce qui s'y jouait n'était pas banal : ici comme ailleurs, il s'agissait pour la plupart des protagonistes de se positionner dans un pays disposant de ressources utiles dans la course aux armements ou à leur développement économique tout court ou d'empêcher que certains verrous stratégiques tombent. L'Afrique du Sud en était une autre illustration. Ce pays dont l'accès était commandé par un contrôle de l'Angola, voire du Congo-Kinshasa d'alors, et d'autres pays limitrophes, constituant ceux de la Ligne de Front dans la lutte contre l'apartheid, comme la Zambie, le Mozambique et la Tanzanie, a longtemps été une grande frustration africaine. Dominée par la communauté blanche face à une écrasante majorité noire, malgré ses pratiques aux antipodes des principes démocratiques portés par les pays occidentaux, son ancrage dans leur camp fit de l'Afrique du Sud une alliée que le monde occidental, Amérique en tête, se fit le devoir de protéger quitte à empêcher la résolution des crises aussi bien en Angola que dans des pays voisins, y compris jusque dans le Sud-Ouest africain, l'actuelle Namibie, dont l'indépendance ne fut actée qu'en échange du retrait d'Angola des troupes cubaines, bras armé de Moscou dans cette partie de l' Afrique, à partir de 1990.

Partout où les guerres de dérivation ont eu lieu en Afrique, elles mirent face à face des forces locales soutenues par des troupes étrangères. Celle de l'Ogaden entre l'Éthiopie et la Somalie, était considérée comme une confrontation indirecte entre Moscou et Washington. Il en fut de même dans la guerre du Biafra vers la fin des années 1970 où, poussés par la France avec ses alliés francophones du continent, des séparatistes Igbo tentèrent de sortir de l'entité fédérale Nigériane. C'est que là-aussi les découvertes massives de pétrole et de gaz jouèrent un rôle décisif dans l'accélération de la tension inter-ethnique au point de menacer l'intégrité territoriale du Nigeria avant le triomphe, en 1970, de forces en faveur de l'unité nationale.

Les guerres de dérivation imprimèrent partout à travers l'Afrique une saveur idéologique aux litiges et elles mirent en œuvre des acteurs qui savaient que ce qui se jouait sur le continent dépassait de très loin les considérations internes, mais pouvait peser dans la bataille idéologique mondiale en train de se dérouler avec férocité, même quand cela n'apparaissait pas de prime abord.

Partout où, pour les besoins de la guerre froide, un conflit se produisait sur le continent, le scénario était le même. La conséquence immédiate était l'afflux d'acteurs chargés de porter les flambeaux idéologiques en compétition sur la scène internationale.

L'exemple angolais le prouva encore davantage que nulle part ailleurs. Quand la guerre civile prit le relais de celle d'indépendance, en 1975, les différentes écoles de pensée s'alignèrent sur les groupes en conflit. C'est ainsi que de l'URSS, représentée par Cuba, derrière le Mouvement pour la libération de l'Angola (MPLA) au pouvoir, à la Chine soutenant l'Union nationale pour indépendance totale de l'Angola (UNITA) du défunt chef-rebelle, Jonas Savimbi, jusqu'à Front national de libération de l'Angola (FNLA) dirigé par Roberto Holden et bénéficiant de l'appui du gendarme régional de l'Occident, Mobutu Sese-seko, sans compter la présence américaine dans l'enclave de Cabinda où se trouvent d'importantes réserves d'hydrocarbures, le cadre angolais montrait la multiplicité des acteurs qui s'impliquaient dans les guerres de dérivation, fussent-elles les plus localisées !

L'idéologie déterminait tout. Partout, sur les campus, dans les réunions de partis politiques, dans les cours dispensés et dans les écrits (livres et journaux), la division du monde en deux blocs était mise en relief, en devenant l'unique référentiel d'appréciation du monde en gestation.

Il n'est pas surprenant, dès lors, que les guerres idéologiques aient été plantées sur le continent au plus fort de la rivalité Est-Ouest, au milieu des années 1970.

Cela offrait le prétexte aux dirigeants africains de jouer cette carte avec tact pour tirer profit de l'aide qui leur était ainsi octroyée sans conditions ni remarque. Armes et financements affluaient vers l'Afrique. C'était l'époque des éléphants blancs qui n'ont jamais vu le jour, ces infrastructures jamais construites, et de détournements de l'aide publique au développement, sans avoir à s'en justifier.

Griefs et cupidité étant des causes tangibles pour le déclenchement de conflits, on ne s'étonne pas que la gabegie qui a prévalu pendant les dernières années de la guerre froide avait eu des conséquences déstabilisatrices sur beaucoup de pays africains.

Mais, autant les guerres idéologiques avaient en Afrique une dimension politique, en s'inscrivant dans la dynamique d'une compétition mondiale dont la solution in fine reposait sur le recours ou non à l'arme nucléaire, autant les nouvelles guerres criminelles nées en Afrique peu avant la fin de la guerre froide, au début des années 1980, étaient soient portées par des pays impérialistes, comme la France dans le cas de celle du Biafra (dans l'Est du Nigeria), soit le fruit de l'action de groupes armés qui avaient commencé à comprendre le parti qu'ils pouvaient tirer de l'exploitation des ressources des pays africains en contrôlant, armes à la main, de vastes et riches étendues de territoires du continent.

Les nouvelles guerres sont les conséquences de la faillite de la gouvernance des pays africains à partir de la fin des années 1970. C'était déjà le début d'un retour de bâton qui sèmera en Afrique troubles et violences, pauvretés et misères dont elle a toujours de la peine à se relever.

Ce fut d'autant plus violent que moins de deux décennies plus tôt, à l'aube des indépendances, en 1960, le continent africain était porté par une vague d'optimisme sans précédent. Les pères des mouvements et formations politiques ayant conduit la lutte ou mené la négociation pour sortir le continent de la nuit coloniale avaient pris en charge les destinées d'une Afrique alors accueillie à bras ouverts dans la communauté des nations, à commencer par l'ONU, où, soudain, on découvrit, que par le nombre et la voix, il fallait compter avec les damnés de la terre d'un passé récent. Les premières années d'indépendance furent aussi celles où les matières premières africaines connaissaient un boom suffisamment fort pour donner à croire que le développement de l'Afrique n'allait être qu'une formalité. Les plans de développement nationaux, dans la tradition socialisante, traçaient des perspectives rassurantes, et on notait çà et là le leadership déterminé de dirigeants patriotiques désireux de bâtir des nations solides. Même dans la rythmique de la musique africaine on chantait alors cette période de grâce dite chachacha, celle des indépendances encore fraîches et non-entachées des stigmates qui viendront progressivement s'accoler à l'image de l'Afrique[22].

Même les discours rassembleurs autour du père de l'indépendance n'étaient pas considérés comme porteurs d'un risque pour les pays africains. On ne relevait pas alors que les discours pour l'union sacrée, la nation, voire la création de partis uniques, Parti-État dans maints cas, portaient en germes de graves dangers. On acceptait volontiers qu'au nom de l'intérêt supérieur de la nation, il faisait sens de taire les divergences politiques pour se retrouver autour d'un creuset, au service du leader suprême sensé incarné le présent et l'avenir des nations.

Ce consensus mou, pour tuer la substance de la démocratie, le débat contradictoire et la pluralité des idées et projets, était d'autant plus facile à forger que l'Afrique était bercée par les éléments de comparaison avec d'autres régions du monde lancées comme elle dans la course vers le développement. Ses taux de croissance étaient parmi les plus forts du monde, et les plus perspicaces rappelaient que des pays comme le Malawi ou le Sénégal avaient des revenus per capita supérieurs à ceux de pays comme la Corée du Sud, la Chine et tant d'autres futures puissances économiques mondiales.

Mais ce tableau idyllique commença à se fracturer avec les premiers coups d'État sur le continent dont celui intervenu au

[22] Rares furent ceux qui dans ce climat d'optimisme prêtèrent attention à l'avertissement d'un auteur prémonitoire, René Dumont, mettant en garde contre ce qu'il appelait : « L'Afrique noire est mal partie ».

Togo en 1963 préfigurant une tradition qui fera tomber le consensus sur le partage des rôles entre civils, en charge de la gestion politique, et militaires, confinés à de statuts de gardiens de la sécurité, de l'intégrité territoriale et du génie militaire dans la construction physique des États.

L'irruption des militaires sur la scène publique africaine pour restaurer, redresser, rectifier et sauver les nations, selon les proclamations des faiseurs de coups d'État, allait transformer ces relations dans plusieurs pays africains... Mais au fil des années, le tissu économique africain commença à se dégrader au point que l'échec des militaires ayant succédé à celui des combattants pour l'accession à l'indépendance dont le tort avait été de jouer aux pères de la nation, dans un style grandiloquent, sans produire de résultats en matière de gestion des économies, créa un climat d'incertitudes et de tensions dont la conséquence fut l'implosion des sociétés.

Affamées, déçues par les acteurs politiques, civils et militaires, les populations africaines sont les premières alors à découvrir l'un des maux qui continuent de peser sur la marche du continent : l'absence de leadership au service de l'intérêt général, capable, visionnaire.

La nature ayant horreur du vide, avec le début des revendications socio-politiques, surgis presque du néant, mais comprenant combien le créneau était fertile pour capturer des États à la dérive, de nouveaux acteurs, les ancêtres des forces nouvelles qui défient les États-nations sur le continent, commencent à se positionner dans la course au leadership dans des terroirs sans... pilotes.

L'avènement des politiques d'ajustements structurels, source d'encore plus de précarité avec la réduction des emplois, finira par donner le coup de pouce à ces nouveaux dirigeants déterminés à se saisir des zones géographiques riches en ressources naturelles pour mieux revendiquer le contrôle des États.

Certains coups d'États violents, comme le renversement du champion du discours patriotique africain du milieu des années

1980, le très révolutionnaire Thomas Sankara, Président du Burkina Faso de 1983 à 1987, par son ami, Blaise Compaoré, vont avoir des effets accélérateurs sur une dynamique de prédation dans plusieurs pays. Intervenu en Afrique de l'Ouest, le coup contre Sankara fera de la capitale du Faso l'épicentre des tentatives de déstabilisation dont pâtiront des pays comme le Libéria, la Sierra Léone ou la Côte d'Ivoire, lesquelles à l'image plus tard du Mali et, toujours, de l'Angola, deviendront des terres d'expression des guerres criminelles. Par leur violence aveugle, Robert Kaplan, y vit le symbole d'une anarchie en puissance (The Coming Anarchy).

B. Le temps des conflits infra-étatiques

Sans qu'on s'en rende compte, l'Afrique se trouve plongée dans un temps des conflits nouveaux, des affrontements qui ne mettront plus face à face des armées conventionnelles, mais des groupes rebelles, irrespectueux du droit de la guerre, et sans perspective de construction nationale. Seul l'accès aux richesses, la possession d'un pouvoir par l'argent, était leur motivation.

Dans le chaos émergent que laisse une guerre froide en fin de cycle, ces conflits interétatiques, comme on les appellera plus tard, seront alimentés par des réseaux criminels, spécialisés dans le trafic des armes, notamment légères, des êtres humains, de la drogue et du blanchiment d'argent. Certains affirmèrent que pour l'Afrique de l'Ouest le successeur de Sankara en était devenu le principal parrain si bien que la capitale de son pays était devenue le lieu de rendez-vous de tous les amateurs de coups tordus, déterminés à profiter du vide progressivement laissé par les puissances impliquées dans la guerre froide pour faire régner leur (dés) ordre et prendre en otage des zones entières afin de projeter leur pouvoir d'enclave sur le reste des pays où ils opéraient.

Les conflits infra-étatiques ont pris une dimension encore plus violente à mesure que la communauté internationale, une fois la guerre froide terminée, avait le regard orienté ailleurs. Comme vers l'Irak d'où le 2 août 1990 les troupes de Saddam Hussein partaient pour envahir le Koweït. Alors que le Libéria venait lui aussi de se trouver plongé dans ce qui sera une atroce guerre civile, longue et meurtrière, l'invasion de l'émirat riche en pétrole et gaz devint le cœur des préoccupations des États-Unis, les nouveaux maîtres du monde, et d'un Conseil de Sécurité de l'ONU, revigoré avec la fin des blocages en son sein que la systématique opposition entre Moscou et Washington y avait créés. Délaissés, les pays africains se virent obligés de trouver des réponses ad hoc, d'où la création d'une force de paix Ouest africaine sous l'égide de la Communauté économique des États de l'Afrique de l'ouest (CEDEAO), face aux conflits infra-étatiques, asymétriques auxquels ils faisaient face. Ce n'est qu'après le traumatisme né d'une intervention dans le Golfe Persique obtenue aux forceps par l'Administration Bush-père, et négocié par son diplomate en chef, James Baker, qu'États Unis et ONU commencèrent à se préoccuper des guerres en Afrique. C'est ainsi que l'ONU mit en place en 1992 une mission pour superviser un processus électoral en Angola que malheureusement le vaincu, Savimbi, récusa lorsqu'il perdit le scrutin avant de relancer la guerre civile. L'intervention un an plus tard d'une force multinationale sous le parapluie militaire américain en Somalie était pareillement destinée à contenir les guerres infra-étatiques sur le continent.

Avec le recul, on peut penser, à bon droit, que les guerres interétatiques n'ont pas été un phénomène africain majeur même pendant la rivalité Est-Ouest.

On peut même paradoxalement observer que les Africains ont mené plus de guerres interétatiques hors des frontières du continent qu'en son sein.

Nul n'oublie en effet qu'ils furent au premier rang dans les grandes guerres du siècle dernier, combattant à l'avant-garde, pour contribuer décisivement à la défaite du nazisme, du fascisme, et dans des guerres coloniales, en particulier en Indochine.

Tirailleurs sénégalais, selon leur dénomination, les soldats africains ont été enrôlés dans les deux guerres mondiales où ils ont souvent été la chair à canon exposée aux tirs des troupes adverses.

C'est donc au loin, sur des terres inhospitalières, balayées par la neige et le froid, sans préparation aux métiers des armes que les Africains ont fait l'expérience des guerres interétatiques.

Parfois, comme en Indochine, ils ont pris part dans des guerres sans comprendre la langue de l'ennemi qu'ils affrontaient.

Leur participation à ces conflits d'une autre époque exprimait les liens entre leurs terres d'origine et celles de leurs colons dont l'histoire a largement été conditionnée par de sanglantes guerres transfrontalières, comme les guerres de souveraineté ou de religion qui ont fini par pousser l'Europe à trouver des mécanismes de coopération ou d'intégration pour ne plus les vivre.

En plus du rejet de ce type de confrontations par l'Europe, ce qui en a réduit l'attractivité en Afrique c'est le fait que dès les premiers moments des indépendances africaines, la doctrine en matière de construction communautaire, sous les auspices de l'Organisation de l'unité africaine (OUA) fut l'adoption du principe d'Uti Possedetis Juris, la règle de l'intangibilité des frontières héritées de la colonisation. Dès cet instant, les conflits justifiés par des revendications territoriales étaient devenus obsolètes de telle sorte que rares ont été ceux ayant pu être acceptés tant le maintien des frontières est resté un dogme dans le subconscient des dirigeants africains. À l'arrivée, depuis les indépendances en 1960 on ne compte pas plus de deux tentatives de sécession à avoir réussi sur le continent. Dès lors, en l'absence des guerres interétatiques, c'est à l'intérieur des frontières que des conflits armés ont marqué l'évolution du continent avant et après la chute du mur de Berlin.

Les récits des actes commis par les combattants dans les conflits armés internes africains violent toutes les règles qui protègent les civils, les prisonniers de guerre, les personnes fragiles, ou encore définissent les normes en droit international humanitaire pour que le Jus ad Bellum, le droit à la guerre qui est proscrit en vertu de la Charte de l'ONU, ne se fasse que selon des conditions très claires, notamment le droit à la légitime défense prévue par l'Article 51 de la Charte ou en cas de menace à la paix et à la sécurité internationales.

Dans ces deux cas, le Jus in bello, le droit pendant la guerre, encadre l'utilisation de la violence pendant les conflits en vertu des conventions de Genève de 1949 et des protocoles qui y ont été ajoutés sous le leadership de la Croix rouge internationale et de l'ONU.

Or, dans l'Afrique qui se retrouve plongée dans des conflits impliquant des forces parallèles, irrégulières, ce fut le triomphe de la... sauvagerie. Comme le prouvent les guerres en Sierra-Leone, au Libéria, au Darfour (Soudan), au Tchad, dans les années 1980-1990 ou en Ouganda et en République démocratique du Congo au cours de la première décennie du XXe siècle. Dans ces pays, les conflits ont été des moments d'inhumanité rarement atteints en Afrique avant et depuis lors. C'est ainsi que certaines factions libériennes ou sierra-léonaises se plaisaient à découper les membres de leurs adversaires sans anesthésie rien que pour semer la terreur dans les populations. On a aussi vu les images des tortures infligées à l'ancien Président libérien, Samuel Doe, par ses geôliers, jusqu'à sa mort dans des conditions atroces, pendant que ses tortionnaires, ivres, filmaient la scène de son martyre.

Les guerres internes, à l'opposé de celles interétatiques, ont été nombreuses à travers le continent, et dans la plupart des cas leur motivation était la capture de l'État ou des ressources publiques. Parmi les pays qui en ont fait l'expérience on peut, en plus de la Sierra-Léone, du Libéria, de la RDC ou de l'Ouganda, citer le Mali, aujourd'hui de facto divisé entre un Nord qui échappe à l'autorité centrale, et un Sud, toujours fragile, le Congo-Brazzaville et la Côte d'Ivoire, plongés pendant des années dans des guerres civiles alimentées de l'extérieur, à la suite de revendications électorales consécutives à des scrutins contestés, ou encore le Sud Soudan, toujours ensanglanté par les rivalités entre le Président Salva Kir et son ancien Vice-Président Riek Machar, pourtant tous les deux naguère unis au sein de l'armée de libération du Sud

Soudan qui avait atteint son objectif après la tenue d'un référendum d'autodétermination tenu en 2011.

Les guerres internes ont été facilitées par les nouvelles technologies de l'information, par la profusion des armes légères, par l'affaissement de l'État et la faillite des économies nationales. Ces facteurs explicatifs se sont conjugués pour jeter sur les chantiers de la violence, des rapines, des crimes économiques, des crimes d'État, de la constitution de réseaux criminels des forces déterminées à se saisir des terra nullius, ces vastes étendues où l'absence de l'État se donnait à voir, afin de mener leurs activités.

Il a fallu que le terrorisme devienne lucratif et facile à réussir en raison des moyens souples et légers qu'il implique pour que les forces asymétriques deviennent des menaces mortelles pour les armées nationales impréparées alors même qu'au niveau régional et continental les promesses d'une structuration des interventions militaires africaines ont longtemps pâti soit d'une légitimité soit d'un manque de moyens logistiques. L'exemple le plus éloquent à cet égard est celui de la plus connue force d'intervention militaire africaine, l'Ecomog, que les Libériens finirent par qualifier de force spécialisée dans le vol des biens privés ou publics là où elle agissait. Son sigle anglais ne signifie plus que « every car or movable object gone », autrement dit, toute voiture ou objet mobile a été pris ! Il n'en demeure pas moins toutefois que les conflits internes ont aussi sonné le réveil en Afrique et depuis des années on sait que c'est grâce à leur virulence que l'Afrique a commencé à se doter de mécanismes institutionnels pour les contenir, les résoudre, mais s'est évertué, en partenariat avec l'ONU et d'autres acteurs bilatéraux, de mettre en place les opérations de maintien, d'imposition voire de construction de la paix qui font de l'Afrique le cobaye le plus soumis aux modèles de résolutions des conflits armés.

Chapitre 2

Un continent encore sous influence économique et politique

Les conflits armés internes stimulés de l'extérieur étaient le signe qu'après la fin de la guerre froide l'Afrique n'avait pas eu de répit. Ces violences armées ayant entouré la période pré-et-post guerre froide n'étaient que l'arbre d'une forêt de défis qui attendaient l'Afrique l'empêchant, à ce jour, de pouvoir agir de façon indépendante pour tracer ses propres orientations politiques et économiques.

Comme un château de cartes, le rêve d'une libération de l'Afrique qui était attendue comme dividende après la sortie de la confrontation Est-Ouest s'est vite effondré, dans une chute à la hauteur de l'espoir qu'elle avait suscité. C'était, pensait-on, la première fois que l'Afrique ne se trouvait plus, en théorie, ni sous le joug des trafiquants d'esclaves, ni sous une colonisation officielle ni encore prisonnière des contraintes de la guerre froide.

Section 1. Un développement économique tributaire de l'extérieur

L'économie africaine a longtemps été extravertie. Depuis qu'elle a été utilisée pour approvisionner d'abord les conquérants arabo-musulmans venus du Nord, notamment pour faire des razzias au terme desquelles ils prenaient des populations noires en esclavage, l'Afrique n'a cessé de voir son sort dépendre de ses relations avec l'extérieur. Ce fut encore plus évident lorsqu'à partir du XVIIe siècle, le continent se trouva au cœur d'un plus vaste commerce d'esclaves, à travers le commerce triangulaire qui permettait à des esclavagistes européens de venir collecter des esclaves avant de les amener vers les Amériques pour les y vendre avant de recharger leurs bateaux avec des épices prises sur place pour aller les écouler sur le Vieux continent.

Puis, constatant que les besoins de croissance économique limités dans les pays européens exigeaient une prise en mains plus directe, un impérialisme à visage découvert, le projet colonial d'un partage et d'une occupation du continent fut lancé il y a un peu plus d'un siècle. Au cours de cette période, les économies africaines n'avaient pour principale vocation que d'être les pourvoyeuses de matières premières et de marchés pour les pays européens colonisateurs. En plus de la ponction démographe subie pendant les périodes où elle fut soumise à l'esclavage, l'Afrique se vit piller de ses ressources naturelles en plus d'être privée de sa liberté et de sa souveraineté désormais aux mains d'étrangers. Ce n'est pas étonnant qu'elle n'eut d'autre option que de lever des troupes au profit des puissances coloniales quand vint l'heure de participer à des guerres qu'elle n'avait ni causée ni un intérêt à en tirer directement. Même dans les conflits coloniaux algériens et indochinois, la participation de soldats africains ne reflétait nullement une quelconque rationalité africaine.

Quand l'aube de l'indépendance devint réalité après que les puissances européennes ont été contraintes d'accepter les revendications des peuples colonisés que la participation aux guerres mondiales avait aidés à réaliser leurs droits à retrouver leur souveraineté confisquée par des acteurs qu'ils avaient aidés à se libérer du joug nazi et fasciste, le rêve de voir l'Afrique retrouver la plénitude du contrôle de ses actes fit long feu.

Très vite, le continent retomba sous une ère de quasi-colonisation – le néocolonialisme rendu possible surtout par la pauvreté des leaders des premières années d'indépendance, les termes léonins, voire militaires et économiques, attachés aux conditions de retour à la souveraineté internationale et enfin à la prégnance des limites imposées sur les pays africains par la guerre froide.

Tout au long de la guerre froide, avant même qu'elle soit officiellement introduite en Europe centrale par son concepteur, l'ancien patron du Parti communiste d'union soviétique (PCUS), Léonid Brejnev, la doctrine de la souveraineté limitée était déjà une réalité en Afrique. Ici l'indépendance de jure ne l'était pas de facto.

C'est dire que nombreux étaient les africains qui accueillir avec de grands cris de joie la fin de la guerre froide en pensant qu'elle permettait au continent de reprendre en mains son destin et de pouvoir se tracer une route autonome vers son développement économique et politique…

Or, la disparition des contraintes passées n'avait été réalisée que pour laisser la voie libre à l'arrivée de nouvelles conditions portées par la mondialisation. En plus de mettre l'Afrique dans une dynamique qui dépassait les frontières nationales traditionnelles, la mondialisation signifiait que le continent n'avait plus d'autre option que de s'aligner sur des normes et pratiques dépassant le cadre de la décision souveraine de ses États. Par l'intensification des échanges commerciaux, par le prodigieux développement des services, surtout financiers, et l'augmentation des flux financiers mais aussi la fluidité des mouvements et pandémies criminels ou pathogènes, et par la déterritorialisation des États-nations, brutalement projetés dans l'ère du virtuel grâce aux nouvelles technologies de la communication, l'Afrique se retrouvait dans le XXIe sans avoir même réalisé son potentiel pour être à la hauteur des siècles précédents moins dynamiques, révolutionnaires, transformationnelles que celui qui débutait. Une double course vers le haut, par le mécanisme égalitaire que les nouvelles technologies offrait, et vers le bas, pour donner des gages d'ouverture, de facilités fiscales et d'avantages en tous genres pour se positionner, en termes marketing, s'imposait au continent qui se trouvait sommé de changer ou d'être… largué !

Avec la fin de la guerre froide, et l'avènement d'un monde nouveau, l'Afrique se trouve, ce faisant, entre ces deux eaux et son identité en est affectée parce que toujours fuyante… d'où les moments d'euphorie et de pessimisme qu'elle alterne depuis lors.

A. Une croissance portée par la demande des pays émergents

Ce qui donnait à penser que l'ordre post-chute du mur de Berlin allait être durable était le fait qu'il pouvait s'appuyer à la fois sur un contexte de mondialisation remettant les différents acteurs, étatiques et non, sur un même point de départ d'une course nouvelle, avec des atouts plus équitables. L'arrivée, aux côtés du continent, d'autres protagonistes issus des mêmes entrailles du sous-développement et déterminés, comme lui, à se sortir des rangs des damnés de la terre, venait en outre lui fournir des alliés capables de mieux comprendre ses aspirations en plus de pouvoir former ensemble un bloc de pays rêvant d'émergence et pouvant donc faire face à ceux qui tentaient, au nom de leur volonté de domination, de les en tenir éloignés.

Incontestablement, la montée en puissance observée au début du XXIe siècle des pays émergents était un atout pour le continent. Pour diverses raisons leur rapprochement avec lui tombait au bon moment puisque les pays européens, ses anciens colonisateurs, avaient à ce moment été gagnés par un néo-cartiérisme. Préférant développer leurs relations avec les pays d'Europe de l'Est qu'ils croyaient plus porteurs que ceux d'une Afrique en pleine tourmente économique et politique, ils n'étaient pas loin de reprendre à leur compte la formule du populiste Jean Montalat (et non Raymond Cartier comme on la lui a attribuée pendant longtemps) privilégiant la Corrèze plutôt que le Zambèze.

Les pays émergents qui mettaient pied sur une Afrique désertée par l'Occident, et d'où la Chine, au début de ses réformes, et la

Russie, encore assommée par sa défaite face au camp capitaliste, étaient absentes aussi, étaient dès lors accueillis à bras ouverts.

Dans un premier temps leurs échanges avec elle furent essentiellement commerciaux avec l'importation de matières premières africaines, unique produit sur la chaîne de valeurs industrielles, qui étaient à sa disposition.

Puis, petit à petit, pragmatiques, ces pays émergents mirent en place des mécanismes de financements grâce à leurs réserves importantes réalisées comme conséquences de leurs politiques réussies d'exportations des biens manufacturés dans un contexte où l'avènement de l'Organisation mondiale du Commerce (OMC) à partir de 1994 avait largement ouvert les portes des marchés occidentaux qui en étaient devenus moins compétitifs relativement à la cherté de leur main-d'œuvre.

C'est ce qui explique les croissances économiques importantes enregistrées par l'Afrique et ses partenaires d'un tiers-monde qui avait le vent en poupe au moment où les pays occidentaux commençaient à vivre une période de ralentissement de leurs économies.

Cette période qui a duré jusqu'au déclenchement de la grande crise financière partie de ces pays occidentaux au milieu de la première décennie du XXIe siècle a été un super-cycle rare dans l'évolution contemporaine du continent.

C'est la période où les cabinets les plus pointus évoquaient l'Afrique en termes euphoriques, quand la firme McKinsey sortait un rapport sur les Lions africains, soulignant la possibilité pour des pays comme la Tunisie, la Libye, l'Égypte et le Nigeria, de sortir de la pauvreté. Les taux de croissance dans plusieurs pays, riches ou non de ressources naturelles, dépassaient les 10 %. La dette publique était réduite à sa plus simple expression, conséquence d'importantes politiques de réduction prises par les pays industrialisés et les institutions financières internationales, pour remettre la balance du développement à plat, sous de meilleures perspectives. Les envois des immigrés africains de la Diaspora dépassaient les 50 milliards de dollars par an. Les investissements extérieurs affluaient par dizaines de milliards de dollars aussi. Comme l'image du continent reprenait des couleurs. De sorte qu'après l'avoir qualifié de continent sans espoir, en décembre 2000, le célèbre magazine *The Economist* dut ravaler son diagnostic pour prédire, en mai 2011, que l'Afrique était le continent montant – *The rising continent !* Sans prendre le soin de mesurer combien une croissance bâtie sur la vente de matières premières pouvait être fragile.

B. Le revers de la dépendance aux matières premières

Comme aux premières années de l'indépendance quand les matières premières africaines se vendaient au prix fort, la récente addiction à ces ressources divines a produit les mêmes effets. D'abord un coup de levier pour soulever les économies africaines, puis un retour de balancier pour les faire retomber brutalement…

Il en est ainsi des mouvements erratiques des cours des matières premières. Alternant entre euphorie et déprime, les effets de leurs cours, selon qu'ils sont à la hausse ou en baisse, peuvent définir l'état des économies qui en dépendent, comme la plupart des pays africains.

C'est leur prix élevé et la forte demande qu'elles suscitent qui expliquent les avancées des économies africaines enregistrées à l'aube des indépendances mais très vite dès que la tendance inverse a pris le relais ce furent une série de malheurs sur le continent après ces années fastes. Ce ne furent après qu'une longue litanie de dénonciation de la détérioration des termes de l'échange, si cher au défunt premier Président du Sénégal, Léopold Sédar Senghor, et à des théoriciens de la double-exploitation, comme l'économiste égyptien Samir Amin, constatant combien tant à la vente des matières premières qu'à celle des produits manufacturés, ce sont les pays africains qui étaient toujours perdants face aux pays industrialisés. À leur suite, l'école de la dépendance, notamment à travers l'Argentin Raul Prebisch (auteur d'un modèle en la matière dit Prebisch-Singer) et le Brésilien Enrique Cardoso, montrèrent combien les pays en développement, Afrique en tête, risquaient de n'être qu'une périphérie dans le cycle du développement au profit des pays du centre, ceux contrôlant en réalité une économie-monde, selon l'analyse de Braudel.

Si la chute des prix des matières premières a pris de court les pays africains à la fin des années 1960, c'est parce que rares parmi ceux qui en disposent ont eu le réflexe de mener des stratégies de développement sage, en particulier en diversifiant leurs économies. Or, aveuglés par leurs nouvelles richesses, aucun des pays africains, à l'exception du Botswana, n'a su s'appuyer sur l'existence de telles ressources pour planifier et structurer leur développement pour ne dépendre de leurs incertains mouvements.

Parce qu'à l'image de la cigale et de la fourmi, selon le célèbre conte, les fourmis (pays) d'Afrique ont été très peu nombreuses. Tous ont choisi d'être des cigales dansant et fêtant pendant que les prix des matières premières étaient en hausse. Champagne, costumes griffés, voyages en première classe, séjours dans les hôtels les plus luxueux de la planète, dépenses somptuaires de l'État, infrastructures grandioses mais inutiles, le gaspillage, en un mot, était leur façon de faire, de gérer. Il n'est pas surprenant que lorsque la mauvaise fortune, comme toujours c'est le cas, dans les économies dépendantes des cours des matières premières eut pris le relais, ce fut la débandade.

Les dettes contractées étaient devenues insoutenables. L'État se retrouvait incapable de faire face à ses devoirs régaliens : écoles, santé, défense, sécurité intérieure, justice, tout commença à péricliter. Et dans ces conditions, devenu vulnérable, l'État africain, hier riche du fait de ses matières premières, se retrouvait fragilisé au moindre retour de bâton. Cette expérience vécue à la dure au début des indépendances aurait dû servir de leçon pour les générations futures d'Africains mais dans un continent où la mémoire institutionnelle est faible, il ne faut pas s'étonner que trente ans plus tard l'Afrique soit à nouveau en train de revivre la même situation de volatilité économique causée par une gestion malsaine, imprévoyante, de la manne tirée d'une période faste pour ses matières premières.

Mais cette fois-ci avec une baisse drastique des revenus des pays africains, durement frappés par un taux de croissance que l'on peut qualifier de négatif avec 1,6 % en moyenne pour l'Afrique alors que le croît démographique dépasse les 3 à 4 %, les pays africains riches de matières premières qui sont les plus grandes victimes de la récession économique provoquée par la baisse de la demande chinoise et par le ralentissement des économies européennes.

Conscients que la malédiction des ressources, le risque de s'exposer au syndrome hollandais qui se traduit par une appréciation des devises rendant les économies tributaires de ces matières premières non-compétitives, mais aussi en raison de la concentration sur ces secteurs de l'activité économique, la plupart des pays du continent comprennent maintenant qu'il leur fait s'inscrire aux meilleures écoles, celles des pays qui ont réussi à faire de leurs ressources naturelles les fondements d'une bénédiction.

Le cas de la Norvège et la manière dont elle a su exploiter son pétrole découvert en mer du Nord au début des années 1970 vient à l'esprit. Là-bas, la création d'un fonds d'investissement souverain, la transformation de la ville pétrolière de Stavanger en hub énergétiques avec tous les services possibles, notamment universités et industries pétrochimiques, sans compter la stérilisation des devises tirées de la vente du pétrole pour contenir les tendances inflationnistes, sont autant de mesures qui ont aidé ce pays à être en tête parmi ceux dont les économies brillent. L'Angleterre aussi a su faire pareil. Comme le Botswana. Désormais les pays africains sont obligés de mieux gérer, en s'inspirant des bonnes pratiques, leurs ressources naturelles, don, s'il en est, de Dieu !

SECTION 2. L'IMPACT DE LA GUERRE FROIDE SUR L'AFRIQUE POST-INDÉPENDANTE

La paradoxale chance pour l'Afrique avec la guerre froide c'est qu'à trop concentrer le débat sur les questions idéologiques et politiques, elle a gelé le débat économique et, en quelque sorte, mis en jachère les ressources naturelles immenses du continent. Ce n'est que maintenant qu'on commence à mesurer leur existence presque partout à travers l'Afrique même dans des pays que l'on ne croyait pas visités par la bénédiction de la nature.

Parce qu'il fallait contenir l'un et l'autre camp en lice dans la confrontation idéologique, la guerre froide n'a pas laissé suffisamment de place à la formulation de stratégies de développement. Tout était vu à travers la lorgnette de cette course mortelle.

L'achat des armes, le soutien à des régimes amis, la mobilisation des populations autour de la cause sacrée, idéologique, ou encore la formation d'alliances, de ces complexes de sécurité, comme ceux formés dans les régions africaines pour contenir les menaces, ce qui se révèlera fort utile surtout aussitôt après la fin de la guerre froide, le tout encadré par les têtes de file des pays engagés dans la guerre froide ont été les axes stratégiques qui ont été privilégiés par opposition aux besoins en matière de développement des jeunes nations africaines.

En laissant le continent ronronner sur les questions relatives à son développement économique, la rivalité Est-Ouest a ironiquement été sa… chance. Les ressources naturelles sont en place dans la plupart des cas puisque les lourds investissements pour les exploiter n'ont pas été mis en place ; ce qui permet d'envisager une exploitation plus réfléchie, à partir de modèles ayant fait leurs preuves ailleurs, et donc de mettre le continent sur une orbite vertueuse.

Si la préservation des ressources naturelles est un acquis, force est toutefois d'en mesurer la portée puisque le triomphe du libéralisme en matière de gestion économique des pays du monde n'a pas été avantageuse aux pays africains qui se sont retrouvés brutalement face à de nouveaux acteurs, plus froids et techniques, sans perspective à long terme autre que leurs gains. À leurs yeux, là où la rationalité de la guerre froide commandait des alliances politiques et idéologiques stratégiques dont pouvaient bénéficier les pays selon leur partenaire du moment, la vague libérale et néolibérale qui déferle sur le continent, sous la poussée des institutions de Bretton Woods et des doctrines qui la magnifient, exposera les limites et l'impréparation du continent à faire face à ce vent violent qui va commencer à souffler sur ses États dès le début des années 1990.

A. Les institutions de Bretton Woods, encore elles !

Le vent libéral n'a pas attendu la fin de la guerre froide pour montrer sa supériorité sur le modèle de gestion communiste qui avait déjà commencé à créer pénuries et pauvreté dans les pays sous ce régime. Avant son triomphe à la fin des années 1980, le libéralisme avait en réalité, tel un feu de brousse dans la savane, gagné la plupart des pays africains : dès 1983, le Rapport commandité par la Banque mondiale auprès de Elliott Berg souligne la nécessité d'y introduire des changements structurels. Les fameux programmes d'ajustement structurel étaient lancés dans un contexte où les pays africains étaient sommés de vivre selon leurs moyens, de réduire la taille de l'État. Le moins d'État pour un mieux d'État était le slogan à l'ordre du jour. Ils n'avaient pas le choix en l'absence d'investissements financiers importants et de réduction des soutiens des pays participant à la lutte idéologique mondiale qui étaient d'autant plus essoufflés que le monde venait d'être frappé par deux chocs pétroliers ayant entraîné une hausse des prix du pétrole en 1973 et 1979.

Avec une promptitude révélant leur opportunisme les institutions de Bretton Woods sautèrent sur l'occasion pour se mettre au volant des économies africaines, transformant de facto les dirigeants politiques dont l'absence de légitimité politique était une source additionnelle de fragilité, et s'employèrent sans états d'âmes à montrer la voie à suivre.

En fait, avec le recul, on peut penser que Banque mondiale et FMI n'agissaient que pour soutenir la bataille idéologique de leurs vrais maîtres, en l'occurrence les pays occidentaux, États-Unis en tête.

Leur présence fut si forte qu'on ne parlait plus que de leurs politiques sur le continent. Les plans nationaux avaient été supprimés des discours politiques. Les États se voyaient contraints de rendre compte à leurs nouveaux maîtres pour pouvoir obtenir les aides financières sans lesquels ils ne pouvaient plus faire face à leurs devoirs publics. Les visites des responsables de ces deux institutions devenaient progressivement d'une telle importance que plus personne n'osait s'en prendre à eux.

Pourtant les remèdes, prêts-à-penser uniformes, pour amères comme médicaments qu'ils soient ne produisaient pas de résultats. Alors, face à la pusillanimité des États, les intellectuels africains n'hésitèrent plus à s'en prendre à ce que l'on appela les diktats des institutions de Washington d'autant plus inacceptables qu'en plus d'avoir réduit à néant le rôle des États, elles avaient démoli des secteurs clés dans un continent encore à l'enfance. Les secteurs de l'éducation et de la santé avaient été rabotés au motif que le désengagement de l'État ne pouvait pas les épargner.

La fronde contre les désormais tristement célèbres politiques d'ajustement structurel partit de la Commission des Nations unies pour l'Afrique et fut déclenchée sous la conduite de son patron d'alors, le Nigérian et universitaire, Adedeji Adebayo. Sous son impulsion, un cadre africain de référence pour les politiques d'ajustement structurel en vue du redressement et de la transformation socio-économiques (CARPAS) fut adopté en 1989 pour s'opposer conceptuellement aux fondements de l'action des institutions de Bretton Woods.

Mais la vague était lancée et malgré leur contestation, les politiques d'ajustement continuèrent bien après la chute du mur de Berlin. Seulement, l'avènement de la démocratie et le réveil des élites, désormais libérées de l'emprise des partis autocratiques, lâchèrent la bride des adversaires des politiques d'ajustement structurel qui avaient fini, au fil du temps, par faire l'unanimité contre elles.

Avec le recul, ses promoteurs persistent à dire d'une part que si les pays africains avaient été bien gérés, ils n'auraient pas eu besoin de recourir au FMI pour résoudre leurs problèmes de balance de paiement. Ils ajoutent que les réformes entreprises ont été une réussite dans la mesure où elles ont créé les conditions d'un assainissement macro-économique qui est le fondement, à leurs yeux, des taux de croissance enregistrés par la suite à travers l'Afrique.

Sans nul doute y a-t-il là un plaidoyer pro domo pour justifier le rôle par trop important joué dans les années 1980 et 1990 par les institutions de Bretton Woods en Afrique. Cependant, avec le recul, la vérité est que le fait de laisser des nations aux mains de technocrates étrangers, qui ne leur sont pas redevables ni fiables, a traduit plus que tout la désorganisation de l'Afrique avant et après la fin de la guerre froide.

La remontée en puissance des institutions de Bretton Woods en Afrique n'est pas anodine. À l'origine, surtout pour la Banque mondiale (Banque internationale pour la reconstruction et le développement – Bird), les deux institutions financières créées à Bretton Woods avaient pour mission d'aider les pays européens qui étaient sortis ruinés de la deuxième guerre mondiale même si le FMI était plus spécifiquement chargé de veiller aux équilibres financiers des États à travers le monde.

Si leur impact a pu commencer à se faire encore plus sentir sur l'Afrique au début des années 1980, c'est parce que la doctrine libérale qui les porte avait alors le vent en poupe partout. Ce qui leur a donné un surcroît de légitimité tient à l'arrivée simultanée ou presque au pouvoir respectivement en Angleterre et aux États-Unis, les deux pays conceptuellement les plus influents du monde occidental, de deux icônes du libéralisme, en l'occurrence Margaret Thatcher et Ronald Reagan. L'un et l'autre n'avaient pas caché leur détermination à réduire le rôle de l'État et à promouvoir de vastes programmes de privatisation. Le marché était leur bible en matière économique.

Petit à petit, leur influence dépasse le cadre des deux grandes nations qu'ils dirigent pour devenir le baromètre le plus fiable au sein des institutions de Bretton Woods. Au même moment, sur les campus universitaires, le néolibéralisme trouve ses porte-drapeaux. Comme Milton Friedman et ses collègues de l'Université de Chicago qui portèrent le flambeau du monétarisme et d'un discours libéral dont la puissance n'avait d'égal que le discrédit soudain qui frappait les discours communistes à mesure que l'ampleur des retards dans les pays qui avait adopté le modèle dirigiste devenait connue.

Traquer l'État pour le dégraisser était devenu le nouveau credo porteur, et dans une Afrique qui avait longtemps cru aux forces de la puissance publique, ce rejet de l'activisme étatique devenait le signal d'une révolution dont les conséquences se ressentent encore à ce jour dans la marche des économies nationales.

C'est dans cette logique que plusieurs sociétés nationales furent privatisées, ou plus précisément bradées, à des intérêts privés, lesquels étaient considérés comme plus aptes à les gérer. Il en fut de plusieurs sociétés œuvrant dans l'intermédiation agricole, sommées de disparaître de la chaîne de distribution ou de commercialisation des produits agricoles, telles que l'Office national de commercialisation agricole et de développement (ONCAD) au Sénégal. Seuls quelques pays résistèrent à la vague de privatisation intégrale, notamment le Ghana qui parvint à sauver in extremis sa société nationale de marketing de cacao, le COCOBOARD.

Les banques nationales de développement furent pareillement démantelées au même moment où les recrutements dans la fonction publique étaient gelés avec des diplômés jetés dans le secteur privé dans la plus grande impréparation, comme le furent des milliers de maîtrisards sénégalais invités à devenir boulangers et transporteurs, au moyen de prêts arrangés à la va-vite avec les encouragements de la Banque mondiale.

Dans la précipitation, ce qui se passa en Afrique, avec cette privatisation menée au pas de charge, souvent sans transparence, ne fut pas loin de celle organisée à l'avènement de la Russie par le Président Boris Eltsine au profit de hiérarques de l'ex-Parti communiste de l'URSS à qui il brada les biens de l'ex-Union soviétique en retour de son soutien pour sa réélection dans les années 1990.

La doctrine libérale n'a donc pas été l'expression d'une approche vertueuse, mais plutôt mafieuse de la gestion des États africains. Elle a déstructuré les économies de plusieurs pays qui n'avaient pas encore, si l'on ose dire, les reins suffisamment solides pour se plonger dans l'aventure que ce libéralisme économique à tout-va promettait. En conséquence des pans entiers des économies nationales disparurent du jour au lendemain créant ainsi un contexte d'incertitudes sur la direction des États désormais incapacités lors même que le secteur privé propulsé à l'avant-scène n'incarnait que la privatisation du secteur public au profit d'intérêts interlopes, bref la capture d'un État affaibli par une rhétorique néolibérale alors au sommet de sa puissance.

En ces années-là, il n'est partout question que de l'application du Consensus de Washington, d'abord imposé aux pays d'Amérique latine, et, par la suite, transposé sur un continent africain dont les traditions et pratiques depuis la nuit des temps n'ont jamais été guidées par le libéralisme économique. Le social en payait dès lors le prix. Dans un contexte post-guerre froide où les besoins en financements majeurs se présentaient, rarement continent n'avait été aussi mal préparé que l'Afrique pour y commencer ses premiers pas. Comme un bébé laissé seul au milieu d'une jungle sauvage.

B. La fièvre du populisme

Brutalement projetée ainsi dans le libéralisme débridé, les filets sociaux disparus, l'Afrique se retrouve fragilisée et donc exposée à tous les populismes.

Le début des années 1990 coïncide avec la période où les conférences nationales, adossées à la colère populaire née d'années de gestion autocratique au plan politique et d'un démantèlement de l'État qui a laissé la société à elle-même en perte de repères, sont venues secouer les fondements sur lesquels reposaient des pouvoirs vieillissants, de plus en plus délégitimés, dans les pays francophones qui les expérimentent à la suite du Bénin, la première à les tester.

L'idée de ces conférences était, pour résumer, de retourner le pouvoir, de façon souveraine, au peuple, siégeant en Assemblée pour redéfinir le pacte national à la lumière de l'impasse socio-économique notée un peu partout, mais surtout de l'opportunité offerte par l'écroulement du mur de Berlin dont les réverbérations s'étaient traduites par une débandade des pouvoirs forts, qui reposaient sur la logique de la force alors couverte par la rationalité de la guerre froide.

Les premiers à être surpris par l'impact des conférences nationales sont ses concepteurs, ceux qui y participent, d'abord au Bénin, puis au Gabon, au Congo, pour ne citer que celles-là. Soudain, dans les élans rhétoriques, à l'image des bretteurs de la révolution française de 1789, de nouvelles figures prennent en haleine les pays où elles se tiennent et parviennent à y forcer l'acceptation de réformes destinées principalement à la démocratisation politique, y compris l'ouverture du jeu politique, l'organisation d'élections, la mise en place d'instances de régulation du jeu électoral ou encore la réécriture des Constitutions nationales.

C'est le temps du populisme*. On en est arrivé là parce que les failles béantes laissées par le moins d'État avaient créé un terreau fertile pour les remises en question dont le continent sera tout au long des années 1990 le théâtre. Le déferlement des populismes est encouragé par la présence des institutions de Bretton Woods qui agissent comme un repoussoir, sur fond de triomphe de la doctrine libérale, que viendra sanctionner la formule, sans recul, de l'universitaire américain Francis Fukuyama, selon lequel le monde était arrivé à la fin de l'histoire.

L'époque est exceptionnelle. Les politiques d'ajustement structurel sont ouvertement décriées dans les rues, leurs effets n'ont pas été bénéfiques pour les populations qui se voient obligées, notamment en Afrique francophone, de subir les affres d'une première dévaluation de 50 % de leur monnaie nationale, le Franc CFA, création de la France pour maintenir à la fois son contrôle sur les économies de ses anciennes colonies, mais garder la haute main sur leurs réserves en devises dont 50 % sont logés à la Banque centrale européenne en échange de la convertibilité et à la parité fixe qu'elle garantit à cette monnaie.

Les tourments économiques que vivent presque tous les pays d'Afrique donneront le départ à des alternances politiques perlées à travers tout le continent, avec l'avènement de leaders qui ne doivent leur ascension, sans expérience ni expertise, qu'à leur capacité à capter ce moment d'un populisme où tout était permis.

Si les transitions au Cap Vert et au Bénin, pays de démocratie où les débats politiques ont permis la sélection de leaders représentatifs d'une autre conception de la gestion de leurs nations, avec l'arrivée au pouvoir d'Antonio Mascarenhas à la place d'Aristides Pereira, le vieux leader du Parti de l'indépendance de la Guinée-Bissau et du Cap-Vert (PAIGC), ou de l'ex-Administrateur de la Banque mondiale, Nicéphore Soglo, à la place du caméléon, Mathieu Kérékou, on ne peut pas en dire de même de la plupart des autres transitions qui vont se produire ailleurs. Notamment en Zambie où un chauffeur de bus, le syndicaliste Fréderick Chiluba, se retrouve du jour au lendemain à la tête de l'État avant d'en être évincé plus tard et poursuivi, emprisonné, pour corruption avérée. Au Niger, c'est un modeste fonctionnaire, jusque-là à la tête d'un bureau de 6 personnes, qui devient chef de l'État, avant de sombrer dans des querelles interminables avec ses opposants. Mahamane Ousmane, puisque c'est de lui qu'il s'agit, ne sera que le premier d'une longue liste de présidents que ce pays sahélien, parmi les plus pauvres du monde, a connus, mais à ce jour, le climat politique y est loin d'être apaisé et ce malgré la menace terroriste devenue une réalité avec les incursions du mouvement Boko Haram qui opère à la frontière voisine située au nord du Nigeria. Le Congo-Brazzaville est aussi l'un des pays où le dinosaure en place au pouvoir, Denis Sassou-Nguesso, sera chassé par les conséquences de la conférence nationale de 1991, avant qu'il ne revienne en poste, en menant une guerre civile meurtrière contre son successeur, le professeur Pascal Lissouba, et avec le soutien d'intérêts pétroliers français. De la Côte d'Ivoire au Sénégal, rares ont été les pays qui ont échappé à ces vagues de changements à la tête des États par les urnes ; mais c'est aussi la période où malgré l'interdiction des coups d'État par une conférence de l'OUA en juin 1999, à Alger, les coups de torchon permirent aussi de débloquer le jeu institutionnel, comme en Guinée-Conakry ou même en Éthiopie.

Beaucoup de dinosaures finiront par être emportés par ces revendications plus populistes que démocratiques justifiées par la paupérisation croissante des masses populaires et l'inaptitude des pouvoirs autoritaires, à la gestion verticale, non inclusive, dans une inégalité des ressources de plus en plus criarde. Les victimes sont nombreuses. Sans être exhaustif, elles incluent : le malien Moussa Traoré, remplacé par l'une des icônes de la démocratisation africaine, le Président Alpha Oumar Konaré, porté au pouvoir après une brève transition militaire dirigée par l'ex-aide de camp de Traoré, en la personne de Amadou Toumani Touré (avant qu'il ne revienne plus tard par les urnes pour se faire renverser en raison de son incapacité à gérer une rébellion alors montante dans le pays) ; le tchadien Hissène Habré, chassé du pouvoir par son ancien bras droit, Idriss Déby, au terme d'une énième rébellion armée ; Mobutu Sese-Seko, lâché par ses parrains de la CIA américaine, et vaincu par une armée constituée de jeunes soldats encadrés par des soutiens limitrophes, et sous la conduite de Laurent-Désiré Kabila, père de son successeur, l'actuel président, Joseph.

La vague de la démocratisation n'en laissera pas moins en place certains des plus futés et résilients dirigeants de la vieille école, comme le Gabonais Omar Bongo (qui se fera succéder à son décès en 2009, par son fils, Ali), le Camerounais Paul Biya, qui sut résister puis inverser le vent qui semblait favorable à son opposition, dirigée par John Fru Ndi, et le Zimbabwéen Robert Mugabé, pilier du pouvoir de la ZANU-PF, dont la force et la légitimité reposent sur la part décisive prise dans la lutte de libération nationale contre la minorité blanche sous l'autorité d'un chef rebelle, Ian Smith, dont la déclaration unilatérale d'indépendance avait été rejetée par la communauté internationale.

La vraie embellie dans cette montée des populismes marquée par l'avènement de dirigeants souvent impréparés à la conduite des États, se retrouve autour de deux faits majeurs qui continuent d'être dignes d'intérêt dans l'analyse de l'ordre africain révélé pendant ces années 1990 : l'indépendance de la Namibie en mars 1990 et la fin de l'apartheid en 1994 avec l'organisation des premières élections multiraciales dans le pays qui ont conduit à l'arrivée à la tête du pays du combattant anti-apartheid, Nelson Mandela.

Ces deux moments, pensait-on, signaient la fin de la domination officielle étrangère ou par des minorités qui en sont issues, sur le continent. La vérité est plus complexe. Plus que jamais, l'Afrique n'a pas fini de conquérir la substance de son indépendance.

SECTION 3. UNE INDÉPENDANCE INACHEVÉE

> « Depuis l'indépendance, l'Afrique travaille à sa recolonisation. Seulement même en cela elle échoue. »[23]

Pour beaucoup d'Africains, l'accession de leur pays à l'indépendance était le graal : d'un coup de baguette magique, elle ouvrait la porte à tous les possibles, les rêves d'un développement sous contrôle national devenaient envisageables et, dans un des moments les plus euphoriques de son existence, l'Afrique voyait son avenir en rose. « Indépendance avec de l'argent, c'est la belle vie », chantait un artiste sénégalais dans un titre éponyme consacré à la célébration de ce moment historique dans la marche du continent.

L'indépendance n'avait pas été facile à décrocher. Pendant fort longtemps, s'appuyant tantôt sur son projet civilisateur au profit de nations sauvages, tantôt se réfugiant derrière le prétexte de la préservation du monde du péril rouge, communiste, les pays européens qui, dans un partage des rôles avec les États-Unis, gardaient la haute main sur la souveraineté confisquée des pays africains avaient vaille que vaille tenu à bloquer la libération de l'Afrique.

Seule une conjonction de circonstances exceptionnelles finira par rendre inacceptable la domination des peuples africains, et d'ailleurs, par des puissances étrangères, via ce déni de leur souveraineté. Elle était survenue en mode accélérée et surprise. En la fêtant sans retenue, les peuples africains ne firent pas les choses à moitié. Ils se mirent à penser que le développement allait être la prochaine étape vers le bonheur que l'on attendait avec empressement sous les chaumières et dans les nouveaux palais où des pouvoirs africanisés avaient pris en main la destinée des pays africains.

---

[23] Stephen Smith, *Négrologie : Pourquoi l'Afrique meurt*, éd. Hachette Littérature, p. 24.

Dans beaucoup de pays, surtout ceux d'Afrique centrale où la musique rythme la vie, on se mit à inventer même des chansons pour célébrer ce bonheur programmé : Oyé Africa du Brazzavillois Franklin Boukaka était joué en boucle sur presque toutes les ondes des radios africaines que la transistorisation intervenue quelques années plus tôt avait démocratisées ; indépendance chachacha, tube décliné par les chanteurs à la mode, de l'autre côté du fleuve, à Kinshasa et dans les autres villes du Congo-Kinshasa, mettaient une ambiance folle dans les soirées musicales des premières années d'indépendance.

Avec le recul, on est en droit de se demander ce qui n'a pas marché car aussitôt les lampions de la fête allumés la dure réalité s'abattit sur l'Afrique indépendante. Elle découvrit rapidement que les colons n'étaient partis que pour mieux rester dans la plupart des pays, surtout ceux anciennement sous l'autorité de la France. Dans certains cas, comme en Afrique francophone, la puissance coloniale avait imposé non seulement l'utilisation d'une monnaie portant son nom, mais arrimée à la sienne. Pour bien s'assurer que son contrôle était verrouillé, des accords de défense secret furent signés avec les nouveaux dirigeants des pays 'libérés' et réaffirmés au fil des années dans lesquels Paris se donnaient le droit voire le devoir d'intervenir pour installer, renverser des pouvoirs ou encore pour défendre ses intérêts. Même les bâtiments administratifs et autres équipements laissés derrière par le colon devaient être payés au moyen d'une taxation qui perdure à ce jour, prouvant que la colonisation, en tous les cas dans cette partie de l'Afrique, n'avait jamais été vraiment démantelée.

On peut dire que c'est une indépendance tronquée, inachevée, qui fut donnée à la plupart des pays africains. Dans le cas des pays anglophones, ce sont les descendants des plus grands collaborateurs des colons britanniques qui furent mis en selle pour gérer les pays après leur départ. Cela leur assurait un changement dans la continuité coloniale et une mainmise toujours ferme, dans un gant de velours, sur ces ex-territoires où la colonisation britannique, mettant en œuvre la Doctrine initiée par Frederick

Lugard, avait développé une stratégie du diviser pour régner aussi efficace que la politique de l'assimilation française.

Ailleurs dans le reste de l'Afrique sud-saharienne, la réalité de l'indépendance fut encore moins réelle. Notamment en Afrique lusophone où les populations durent attendre jusqu'en 1975, après des années de lutte armée le renversement à Lisbonne de la dictature de Salazar par la révolution des Œillets en 1974, pour qu'elle soit actée. Réalisée dans la précipitation, l'indépendance y laissa un arrière-goût amer. Elle fut aussitôt suivie par des guerres civiles au Mozambique entre le Frelimo (front de libération du Mozambique) et son opposition armée, la Renamo, l'un et l'autre financés par des puissances de la guerre froide, la Russie pour le premier et l'Afrique du Sud, pour la seconde. En Angola, le départ des Portugais fut encore plus violemment ressenti puisque la guerre de libération menée par un groupe de factions, à l'unisson, s'était transformée en une mêlée générale dans une guerre civile où les intervenants provenaient du monde entier, en appui aux frères ennemis. De ce point de vue, l'Angola devint jusqu'à la fin de la guerre civile en 2002, avec la mort de Jonas Savimbi, principal leader de l'opposition armée et patron de l'union nationale pour l'indépendance totale de l'Angola (UNITA), l'épicentre en Afrique de la guerre froide. Russes, Chinois, Américains, Cubains et Sud-africains s'y livrèrent des combats épiques tout en fournissant armes et conseils à leurs respectifs soutiers. En plus de l'Angola et du Mozambique, transformés en territoires conflictuels du fait de leurs richesses naturelles, les autres pays lusophones du continent connurent aussi des moments difficiles, en particulier la Guinée-Bissau qui est, à ce jour, resté un État en faillite, que l'on dit être entre les mains ou sous l'influence des narcotrafiquants tandis que le Cap-Vert et Sao-tomé restent tout au plus des îlots modestes, sans grande influence sur la marche du continent.

L'indépendance africaine était encore moins une réalité dans le seul pays sous domination coloniale Espagnole, la Guinée Équatoriale, qui est depuis lors restée une affaire familiale entre les mains d'abord de Macias Nguéma, puis de son neveu, l'actuel

Président Théodore Obiang-Nguéma dont on peut imaginer qu'un de ses fils, au cœur de son pouvoir, lui succédera le moment venu. Enfin, les ex-colonies Belges, notamment la République démocratique du Congo (RDC) vaste comme l'ensemble de l'Europe occidentale, mais avec peut-être moins de cinq bacheliers à l'indépendance et les deux petits pays, Rwanda et Burundi, infestés de tensions ethniques, ne pouvaient contrebalancer l'impression générale d'un continent arrivé à l'indépendance sans être préparé et sans que les colons ne soient disposés à lui laisser la marge de manœuvre nécessaire pour la transformer en réussite.

A. Un leadership politique africain encadré

Dès les premières aubes de l'indépendance en Afrique, il est apparu très vite que les colons en partant s'étaient assurés que derrière ils laissaient des hommes 'sûrs' pour l'essentiel de préserver leurs intérêts.

En réalité, formés pour la plupart dans les métropoles coloniales, et dans certains cas même formés à la gestion, par une implication dans les gouvernements des métropoles ou dans ceux décentralisés progressivement dans les territoires coloniaux, ils avaient pris la relève en étant formatés pour pérenniser le modèle colonial.

Jusqu'à la caricature on vit ainsi les armées des pays reprendre, à l'identique, les tenues vestimentaires, les modes de défilé ou encore d'organisation légués par les colons. En Afrique francophone, dans les palais présidentiels ou les sièges des parlements on s'employa à appliquer le rituel français, au point que les employés de l'Assemblée nationale du Sénégal portaient des tenues à queue de pie, en pleine chaleur de l'harmattan, comme le fera remarquer plus tard, pour en exiger leur suppression, un truculent syndicaliste Sénégalais, Mamadou Fall 'Puritain'. Même sur les vols dans les avions et dans le quotidien de la vie, l'emprise des colons se fait sentir entre qui boit du thé (les anglophones) et qui prend du café (les francophones) ou encore qui est précieux dans le port vestimentaire, en costumes chers, ou à l'africaine déjà et relax, les premiers, s'expriment dans un français châtié en roulant les r, à la française, tandis que les seconds, s'efforçant de parler un *Queen's English*, ne dédaignent pas de mettre en relief leur différence héritée d'une pratique du diviser pour régner qui n'avait pas eu pour but de les intégrer dans la culture du colon britannique. Les habitudes coloniales sont dures à éliminer !

Car c'est là qu'on voit à quel point la colonisation a laissé des traces profondes en Afrique. Les dirigeants qui ont pris les rênes du pouvoir dans la plupart des pays ont continué de chercher leur inspiration entre Paris, Londres, Bruxelles, Lisbonne ou Madrid. Il est vrai que les premières années d'indépendance sont celles qui coïncident avec des difficultés de communication entre pays africains, par téléphone ou par les communications routières, aériennes ou ferroviaires. Tout passait par l'ex-métropole, qui maintenait, ce faisant, un étroit contrôle des premiers pas des pays à qui ils avaient théoriquement rendu leur souveraineté.

En plus des pays lusophones longtemps restés sous emprise directe coloniale et de ceux d'Afrique australe où la stratégie du diviser pour régner britannique avait bloqué le processus vers l'indépendance, comme dans le futur Zimbabwe, on observera aussi combien la France, diminuée par les guerres qu'elle avait perdues, avait pris ses dispositions pour tenir, non pas en laisse, mais sous stricte surveillance les pays qui avaient été sa base arrière dans un passé alors récent. Un homme jouera un rôle prépondérant à cet égard, en contribuant à créer ce que l'on a par la suite appelé la France-Afrique. Il s'agit de Jacques Foccart, proche conseiller du Général De Gaulle avant de rester influent dans les relations franco-africaine pendant une quarantaine d'années et d'être perçu comme le faiseur de rois sur le continent, d'en diriger les coups les plus tordus, y compris les guerres, comme au Biafra, les successions au pouvoir, comme au Gabon, ou encore la traque des mal-pensants, ces opposants qui avaient été influencés par la rhétorique marxiste ou par celle d'un patriotisme naissant çà et là…

Parce qu'aussi les officiers en charge des armées africaines avaient été formés dans les ex-métropoles, ils étaient revenus avec une culture de soumission aux ex-puissances coloniales qui en avaient fait leurs bras armés pour changer la marche des jeunes nations. On en vit un exemple parfait avec le rôle joué par Mobutu Sese-Seko ou Etienne Eyadéma, devenu Gnassingbé, dans les coups qu'ils réussirent respectivement dans l'ex-Congo Kinshasa et au Togo au début des années 1960.

Le dernier clou qui verrouillait l'Afrique et ses dirigeants au profit des puissances coloniales, en dépit de la proclamation des indépendances officielles, c'était l'impératif de la guerre froide. Les dirigeants africains avaient, sous ce prisme, une marge de manœuvre fort étroite. Leur dépendance vis-à-vis des anciennes puissances coloniales était à peine altérée par l'activisme de Moscou et Pékin dont le rêve d'une révolution de gauche est cependant largement resté à l'état d'idéal.

Les nouveaux parrains qui se pressent devant la porte du continent ne sont pas moins dangereux.

La fin de la guerre froide a ouvert la voie à l'arrivée de nouveaux parrains. Leurs prédécesseurs étaient arrivés sur le continent plusieurs siècles auparavant d'abord comme esclavagistes puis comme colons. Ils avaient emprunté des bateaux pour rejoindre les côtes africaines avant de pénétrer l'hinterland du continent grâce à l'action d'explorateurs entrés dans la postérité, comme Stanley ou Savorgnan de Brazza, précurseurs dans la conquête du continent.

Parfois précédés de missionnaires, bible en main, prêchant la soumission des peuplades locales envers les blancs venus leur apporter la civilisation, ils n'hésitèrent pas à s'appuyer sur la force militaire. La puissance d'un feu armé alors à ses balbutiements était déployée quand les chefs ou populations autochtones s'opposaient au projet colonial qui se mettait en place, avant de parvenir à l'installer progressivement en cooptant ou dominant des acteurs sélectionnés au sein des peuples africains, notamment des chefs cupides et d'une certaine frivolité, à seule fin de légitimer encore plus l'entreprise coloniale…

Les nouveaux parrains de l'Afrique n'ont pas eu besoin de passer des journées à bord de fragiles esquifs ou de se risquer à parcourir à dos de chameaux de très longues distances. Entre-temps, les avions et les voitures, les bateaux à vitesse rapide ont facilité leurs déplacements vers le continent tandis que la toile d'araignée d'accords commerciaux que les pays africains ont signés a fait le reste : l'Afrique était ouverte au business dans une large mesure au moment où s'éteignait la guerre froide.

Les nouveaux venus sont arrivés alors que leurs prédécesseurs, las de voir le continent s'enliser dans les méandres du sous-développement semblaient disposés à s'en éloigner. Ravies d'une telle aubaine, les institutions financières internationales, en quête d'une re-légitimation, avaient pris leurs relais pour lancer de nouvelles stratégies de redressement de l'Afrique. Simultanément, redécouvrant sa mission de principale organisation chargée de la paix et de la sécurité dans le monde, l'ONU voyait en ce continent tourmenté un terrain d'expérimentation de ses politiques de maintien de la paix.

Fatigué par des années de guerre froide, torturé par des coups d'État en série, secoué par des guerres idéologiques par procuration et par des guerres civiles, frappé par une atonie de ses économies nationales, le continent que les nouveaux acteurs étatiques et non étatiques étrangers découvrent est naturellement ouvert à leur venue.

Ils y firent une entrée en douceur, presque sur la pointe de pieds. Plus d'un quart de siècle après la fin de la guerre froide, ces nouveaux parrains ne se cachent plus[24]. Ils bénéficient d'un climat favorable à leur présence surtout que la perspective de développement économique et politique qu'ils amènent résonne

[24] Ayant su jouer de la désertion du continent par ses 'maîtres' habituels, qui avaient fini par croire, à la suite que l'Afrique était un fardeau pour l'homme blanc.

avec les attentes des dirigeants africains. Beaucoup de ces nouveaux acteurs sont en vérité auréolés de leur récente montée en grade après avoir longtemps été exposés aux affres de la pauvreté et du sous-développement. Ils n'ont pas le pessimisme en bandoulière des anciens maîtres classiques du continent. Bien au contraire, le voyant plutôt comme un terrain vierge où tout était à faire, ils tranchent par leur énergie débordante, leur... afro-optimisme.

« Derrière chaque crise, il y a une opportunité », dit un dicton chinois, que, sans se concerter, ils appliquèrent à cette Afrique où la longue colonisation occidentale n'avait laissé ni infrastructures structurantes ni progrès en matière de développement agricole ou encore en stabilité sociale en raison de la prévalence de diverses formes d'insécurité (maritime, frontalières, routières ou aériennes).

Leur arrivée se traduit aussitôt par un regain d'intérêt vis-à-vis du continent. En cela, la Chine, l'Inde, le Brésil, la Turquie, la Russie, l'Indonésie, la Thaïlande, la Corée du Sud et d'autres pays dits du Sud ont offert à l'Afrique ce bol d'air, cette marge de manœuvre qu'elle n'avait plus depuis le retrait des soviéto-cubains, depuis la fin du monde bipolaire qui lui permettait de jouer un camp contre l'autre pour faire avancer ses pions et se sortir de la glaciation des relations internationales d'alors...

Il ne faut pas être dupe : derrière leur discours toute de fraternité et de condamnation de l'action des colons occidentaux, les nouveaux parrains de l'Afrique n'en sont pas moins tout aussi sombres dans leur agenda vis-à-vis d'elle. Toute la problématique du développement africain s'en trouve posé : peut-on l'aliéner aux promesses d'acteurs étrangers, fussent-ils originaires du tiers-monde, quand on sait que les États restent fondamentalement des monstres froids, poursuivant leurs intérêts, selon le mot du Général de Gaulle ? On observera les ruses de ces nouveaux partenaires dans leurs relations commerciales avec le continent, leur résistance à y transférer leurs technologies, leur propension à corrompre les dirigeants locaux pour arriver à leurs fins, ou encore leur volonté de détourner l'Afrique des sentiers vertueux de la démocratie et de la bonne gouvernance.

Sont-ils alors de nouveaux dangers pour un continent qui fait face à beaucoup d'autres sur le chemin qu'il doit emprunter pour se positionner avantageusement dans un ordre-désordre international toujours en gestation ? Ce n'est pas impossible...

L'arrivée des nouveaux acteurs étatiques et la réactivation des réseaux des entités non étatiques ont coïncidé avec un phénomène qui allait s'imposer comme le plus important marqueur des relations internationales des temps modernes : le terrorisme !

Au début du nouveau siècle, l'Afrique, sortie de la guerre froide, a cherché tout au long des années 1990 à se tracer, elle-même, ses voies, notamment par l'ouverture politique et l'amélioration de sa gestion macroéconomique, afin de tenir compte d'une aide publique au développement en déclin et du désintérêt à son égard des grandes puissances occidentales.

Vers l'approche du XXIe siècle, elle commence à observer l'intérêt économique en sa direction de pays du tiers-monde avec lesquels ses liens s'étaient auparavant limités à des alliances politico-idéologiques. Les premiers à emprunter cette nouvelle voie sont les Chinois. C'est qu'après l'écrasement des émeutes étudiantes de la Place Tienanmen, à Pékin, en mai-juin 1989, s'étant retrouvée isolée diplomatiquement, la Chine avait continué à pousser ses réformes économiques internes tout en banalisant les sanctions occidentales que l'Occident lui avait imposées. Avec la réussite de sa stratégie de modernisation, elle soulève un peu les restrictions aux mouvements de ses populations voire les encourage à tenter leur chance à l'étranger à travers la politique du grand large, le « Go-Out-Policy ».

Beaucoup de chinois ordinaires sautent sur l'occasion pour se rendre sur le continent qui, en dehors des pays voisins du Sud-Est Asiatique, leur semblait le plus porteur parce que terre de toutes les possibilités à leurs yeux. C'est vers le milieu des années 1990 que ces Chinois s'installent sur le continent pour y ouvrir des restaurants, des magasins, et y commencer leur commerce tout en faisant remonter l'information sur les énormes opportunités d'affaires en Afrique. Ils seront, en quelque sorte, les yeux et les oreilles de Pékin en Afrique. Ce qui tombe bien justement puisqu'à partir de ce moment la croissance économique chinoise est telle qu'il lui faut aller à l'extérieur chercher les matières premières, notamment énergétiques, pour la maintenir à son rythme à deux chiffres.

Le capitalisme d'État chinois ne vient pas seulement sur les traces du capitalisme des petits pas porté par les *banabanas* (ces vendeurs informels) version Empire du Milieu. Il est aussi facilité par une période où l'Administration Clinton a fait de la politique des droits de l'homme et de la démocratie les deux piliers de sa politique étrangère. Elle force ainsi les entreprises occidentales à sortir des pays considérés comme voyous, tels que le Soudan et le Nigeria de Sani Abacha.

Ce qu'elles laissent derrière fait le bonheur de la Chine qui s'implante au Soudan en reprenant les actifs des pays et entreprises occidentales l'ayant abandonné. La Chine y fera sa première percée en matière d'exploitation de ressources pétrolières à vaste échelle sur le continent. Petit à petit, la Chine avance ses pions un peu partout en rognant sur les places désertées par l'Occident. Elle y est d'autant plus à l'aise que la Russie, toujours dans les années tourmentées du président Eltsine, n'a pas encore l'appétit à retourner en Afrique tropicale. Ni encore l'Inde dont les réformes économiques pour la sortir de son taux de croissance poussif, lequel la contraint à rester à domicile pour l'améliorer – ce qu'elle réussit mieux depuis la fin de la guerre froide !

Avant que la percée de la Chine en Afrique ne se transforme en arguments pour forcer les pays occidentaux à faire « quelque chose » pour contenir ce dragon asiatique rugissant sur le sol africain, un phénomène inattendu change la donne.

Alors que les États-Unis observaient avec amusement le mouvement protestataire contre la libéralisation du commerce mondial et la privatisation des pans entiers des économies du tiers-monde, ce qui transforme la face du monde se produit, à la surprise générale, lorsque des terroristes arabes, venant de famille aisées, détournent des avions et font tomber les deux tours jumelles de Wall Street, à New York, au cœur battant du capitalisme financier américain, avant que le Pentagone, ministère de la Défense, ne soit lui-même l'objet d'une autre attaque, le même jour, devenu un moment clé dans la marche du XXIe siècle : cela s'est passé le 11 septembre 2001.

Il s'ensuit une guerre totale contre le terrorisme qui se poursuit à ce jour – et demeure le marqueur déterminant des relations internationales, celles de l'Afrique aussi, depuis lors !

B. Les nouveaux dictateurs… civils

À quelque chose, malheur est bon, dit un célèbre adage. Aussi bien, le terrorisme a été le prétexte, avec la crise financière, qui viendra vitrifier les prétentions du néolibéralisme économique à partir de 2007, les deux arguments mis en avant par les dirigeants africains dont le rêve était de se sortir du diktat de la bonne gouvernance et de la transparence politique, électorale.

Dès que l'Amérique de Bush, revenue du choc des attentats du 11 septembre se mit à l'idée de traquer le terrorisme partout dans le monde, en piétinant ses propres règles démocratiques, en torturant, en créant une prison à Guantanamo libérée des normes du droit international humanitaire, fait de la sécurité le paradigme dominant de sa vision '*sécuritisée*' du monde, la brèche était ouverte où pouvaient s'engouffrer tous les dictateurs de la planète.

Ceux d'Afrique s'en donnèrent à cœur joie en rétablissant l'ordre martial qu'il n'avait délaissé que parce qu'au cours des années 1990 le Consensus de Washington, organisé autour des principes stricts du néolibéralisme économique, puis le Consensus Augmenté de Washington, centré sur la gouvernance démocratique et économique, leur avait lié les mains.

Désormais, au nom de la sécurité, pour contenir le terrorisme plus aucun espace n'échappait à la curiosité, sinon à l'action, de l'État. Que le capitalisme d'État à l'œuvre, en apparence dans de bonnes conditions, dans des pays comme la Chine, ait eu à cet instant le vent en poupe ne pouvait que les conforter dans le sentiment que l'autocratie n'était plus, somme toute, une mauvaise chose. « Le soleil se lève à l'Est », déclarera, triomphaliste, le Zimbabwéen Robert Mugabe, trop pressé de montrer la porte aux Occidentaux.

Le contexte géopolitique enveloppant un monde revenu de son optimisme béat sur les possibilités offertes par le néolibéralisme économique et la démocratie pluraliste a réveillé l'autoritarisme qui sommeillait chez beaucoup de dirigeants africains trop enthousiastes à l'idée de raboter les libertés pour donner droit à leur préférence – un césarisme tropical, incarné par la prévalence de régimes présidentialistes forts dans la plupart des pays du continent. Les autocraties qui surgissent dans maints pays africains, en appliquant des modèles de gouvernance directifs et autoritaires, s'en trouvent expliquées !

C'est l'ère des pronunciamientos, ces coups d'État, non plus déclamés seulement par les militaires, comme au temps où l'Amérique latine en était la championne, mais exécutés aussi en douceur par des pouvoirs civils africains revêtus du manteau électoral, des votes piratés pour mener des projets à l'opposé des rêves des démocrates-citoyens africains. C'est la tropicalisation d'un idéal universel digne d'être enseigné dans le monde entier tant il incarne l'exemple le plus achevé du détournement de la démocratie…

Des forces lugubres, y compris des tailleurs constitutionnels, ont mis en route la stratégie d'étouffement des processus démocratiques sur le continent tandis que les peuples africains, pris dans leur rêve démocratique tellement enivrant à la fin de la guerre froide ne se rendaient pas compte qu'il était loin d'être le sésame passe-partout qu'ils avaient cru y déceler.

Rares étaient ceux qui osaient douter qu'il n'ouvrirait pas toutes les portes bloquées du développement africain. Partout sur le continent, comme sortant d'un long sommeil, les sociétés s'étaient réveillées et demandaient plus de voix dans la marche de leurs États. Les partis politiques nouveaux surgissaient comme des champignons après une saison pluvieuse pour porter une estocade finale à la culture du Parti-unique ou Parti-État qui s'était imposée au fil des ans dans la majeure partie des pays africains sous le prétexte qu'il fallait mutualiser les forces afin de mieux faire face aux défis du développement et de la paix.

Ce mensonge avait pu tenir aussi longtemps parce qu'entretenu par l'existence d'un modèle planétaire en la matière que l'ex-Union soviétique et ses satellites, sans compter la République populaire de Chine, opposaient à la démocratie pluraliste libérale en vigueur dans le camp adverse pendant la guerre froide.

Quand le mur de Berlin s'écroule, c'est cette vision dirigiste, univoque, de la vie politique est fracassée. Sur le continent, c'est un vent démocratique vigoureux qui l'emporte comme fétu de paille sous la poussée de nouveaux acteurs politiques décidés à déverrouiller les systèmes et régimes politiques afin de laisser éclore une multitude d'écoles de pensée.

Le tournant est important. Car, avant le déclin du modèle communiste porté par les adeptes de cette approche, rares sur le continent étaient les pays qui avaient encore fait le pari de la démocratisation plurielle. En dehors de la Gambie, du Sénégal et du Botswana, les pouvoirs en place étaient restés figés sur leur refus de l'ouverture à la démocratie, toute tentative de l'imposer étant écrasée sans ménagement, si besoin par les armes.

Les temps avaient donc changé avec l'obsolescence de ce que les pays Est-Européens présentaient comme le centralisme démocratique. À travers l'Afrique, les processus démocratiques prenaient une vigueur inattendue qui forçait les plus grands adversaires de la démocratisation politique à y adhérer. C'est ainsi que la Côte d'Ivoire de feu le Président Félix Houphouët-Boigny dont le parti PDCI-RDA avait dirigé en formation unique le pays pendant de longues années n'eut d'autre choix que de céder aux revendications démocratiques de son opposition. La même chose se produisit aussi au Gabon, autre place forte du monopartisme, ou le défunt Omar Bongo, contraint d'ouvrir l'espace politique à d'autres acteurs que ceux de son parti, le Parti démocratique Gabonais (PDG), usa de tous les recours pour exposer le manque de crédibilité de ses nouveaux adversaires politiques en leur donnant des voitures de luxe et des millions CFA pour, disait-il, les encourager dans leurs activités politiques : plusieurs leaders de l'opposition disparurent de la circulation dès réception de ces financements…

Aucun pays africain ne pouvait échapper au vent démocratique. Avec l'ouverture des conférences nationales souveraines pour tracer de nouvelles voies et replacer les pays dans un cercle vertueux forcément démocratique, la boucle semblait bouclée. Surtout que très vite s'ensuit la tenue partout d'élections multipartites sous la supervision d'observateurs électoraux envoyés par les organisations régionales africaines, par l'ex-OUA (et plus tard par l'Union africaine), par le Commonwealth, l'Organisation internationale de la Francophonie (OIF) ou encore par l'ONU et l'UE (Union européenne). Des alternances démocratiques, perspectives inimaginables quelques années plus tôt, eurent lieu, notamment au Cap-Vert où le PAIGC, parti ayant conduit à l'indépendance, fut défait, au Bénin où le marxisme-béninisme truculent de feu le général Mathieu Kérékou fut renvoyé à la casse au profit d'un régime libéral conduit par un Nicéphore Soglo qui ne craignait pas de se faire passer pour un ami de la Banque mondiale.

Des dirigeants indéboulonnables perdaient pied et se voyaient renverser par les urnes ou par la rue, comme le Zaïrois Mobutu Sese-Seko victime d'une guerre menée par un éternel révolutionnaire, Laurent Désiré-Kabila, à la tête d'une armée de jeunes soldats, des '*kadobés*', selon leur dénomination locale, marchant presque pieds nus sur ce que l'on appelait la garde présidentielle du pays. On découvrit que cette dernière n'était composée que de tigres en papiers !

Les revendications et les révoltes à l'intérieur de l'Afrique n'ont pas été les seuls accélérateurs des processus démocratiques. Dès juin 1990, sentant le vent tourner dans cette direction, le président français de l'époque, François Mitterrand, pour ne citer que lui parmi les dirigeants occidentaux, avait ainsi profité de la tenue dans la ville balnéaire de la Baule pour apporter son soutien à la démocratisation du continent. Ce fut un puissant coup de pouce au message démocratique sur l'Afrique. Car bien qu'étant un rendez-vous entre la France et les pays francophones, le Sommet de la Baule eut un retentissement sur tout le continent où l'on retint les propos prononcés par l'opportuniste Mitterrand qui, pour charmer les peuples africains, se fit fort d'affirmer que son pays allait désormais lier son aide publique au développement aux efforts fournis en matière démocratique. Ce message n'était pas que celui de la France. Le monde occidental, seul acteur important dans le jeu public mondial, l'avait aussi fait sien, comme le confirmèrent de nombreuses résolutions adoptées dans les instances où se réunissent les plus grandes puissances économiques du monde, en commençant par le G7 (appellation changeant en G8 chaque fois que la Russie y est invitée). L'Afrique entière ne pouvait être sourde à ces pressions internes et externes pour l'adoption de principes démocratiques dans ses États, sauf à risquer d'en payer le prix par des turbulences à domicile et des sanctions politiques et économiques venant de l'extérieur !

Près de trente ans plus tard pourtant le tableau de la vie politique africain n'est plus que l'ombre des espoirs démocratiques nés en ces heures initiales de la démocratisation.

Le génie africain, celui des dirigeants de l'Afrique, a fait la différence en transformant le rêve démocratique en projet détourné de sa voie, pour coller à leur propre envie de retrouver la voie d'une gestion autocratique du continent. Dès les premiers pas de la démocratisation on avait vu combien, à contrecœur, les adeptes du monopartisme n'avaient accepté de s'y mettre que pour mieux la torpiller.

L'argent avait ainsi servi à acheter les consciences des porte-drapeaux du discours démocratique ; des partis politiques liges étaient créés par les dirigeants qui ne voulaient pas quitter leurs fonctions afin de donner l'air d'être de vrais démocrates ; même des commissions des droits de l'homme, des syndicats, des organes de presse, des groupes d'observateurs, bref une panoplie de mesures furent prises pour projeter l'illusion d'une démocratie dans maints pays.

On se spécialisa même dans la manipulation des fichiers électoraux pour ne laisser aucune chance aux intrépides formations politiques qui osaient remettre en cause l'ordre établi. Si cela ne suffisait pas, les plus futés des dirigeants s'entouraient de tailleurs constitutionnels pour mieux redécouper, à leur avantage, les lois fondamentales, à l'image du Président Togolais d'alors, Gnassingbe Eyadéma, qui se fit fort de recruter le professeur de droit français, Charles Debbasch, en bisbilles avec la justice de son pays, pour qu'il l'aide à contenir une opposition particulièrement décidée à en découdre avec son Rassemblement du Peuple Togolais (RPT), le parti unique qui lui a longtemps servi pour diriger d'une main de fer son pays. La démocratisation sur le continent a fini par ne plus ressembler qu'à une entreprise ratée, si bien qu'avec les révisions constitutionnelles même les mandats présidentiels qui étaient limités ont été étendus pour permettre ce qui ressemble à un retour des présidences à vie, dans des pays tels que le Congo-Brazzaville, le Tchad ou le Zimbabwe.

Ces coups de Jarnac portés à la démocratie vont-ils entraîner le réveil des peuples africains ? Celui du Burkina Faso qui a contraint, en octobre 2014, le président Blaise Compaoré à s'enfuir sous sa menace a montré qu'il était possible de bloquer une révision constitutionnelle pour continuer de s'imposer à la tête d'un État. Le Sénégal où, le 23 juin 2011, le peuple était aussi sorti dans la rue pour s'opposer physiquement au projet de l'ex-Président Abdoulaye Wade de faire une révision constitutionnelle pour, pensait-on, imposer son fils, Karim, comme son colistier, en tant que vice-Président, est une autre preuve que le recul démocratique, s'il est réel, n'est pas irréversible…

Dès l'instauration de systèmes politiques pluralistes dans les pays africains, l'un des premiers effets en fut le retour à un ordre ancien, celui qu'à l'aube de l'indépendance les Africains avaient privilégié : les militaires devaient retourner dans leurs casernes pour laisser le gouvernail des États entre les mains des civils, des acteurs politiques surtout, maintenant que la bénédiction démocratique devenait une exigence. Pour bien verrouiller ce partage des rôles entre civils et militaires, les dirigeants africains, dont beaucoup étaient devenus les produits de scrutins démocratiques, décident d'en jeter les bases légales lors d'un Sommet de Chefs d'État et de gouvernement tenu en juin 1999 à Alger, dans une capitale algérienne qui sortait d'une longue période de turbulences où le fondamentalisme religieux violent l'avait profondément balafrée.

À ce rendez-vous de ce qui était encore la seule organisation politique panafricaine, l'OUA, les dirigeants africains s'engagent à bannir dorénavant les coups d'État comme mode de dévolution du pouvoir. Ils voulaient parler des coups d'État militaires. Ce qu'ils traduisirent par la suite en refusant à divers auteurs de coups d'État militaires de siéger à l'OUA et plus tard à l'UA (Union africaine). C'est le cas notamment du Malien Amadou Sanogo, du Guinéen Daddis Camara, du Nigérien Wanke Mallam, ou encore, plus récemment, du Burkinabe Gilbert Dienderé...

Ce que les dirigeants africains n'avaient pas envisagé c'est que les faiseurs de coups d'État ont su troquer leurs treillis militaires pour d'impeccables costumes civils afin d'obtenir l'onction démocratique et ensuite de se perpétuer au pouvoir au moyen de coups de canif portés sur les lois fondamentales de leurs pays en vue de leur permettre de se présenter à vie dans les compétitions électorales et de les gagner en raison de leur avantage exorbitant.

La réalité est désormais là : la démocratie est maintenant prise en otage par des dirigeants civils, lesquels ont même inventé une formule qu'ils appliquent lors des scrutins – le coup 'KO'. Un coup KO, '*tékélé*', comme le nomma son inventeur, le Guinéen Alpha Condé, pourtant un opposant de longue date, mais qui, à l'image de tant d'autres civils arrivés au pouvoir par les urnes, ne lésine pas sur les moyens pour se maintenir en place. Son slogan a été repris en Côte d'Ivoire par le Président Alassane Dramane Ouattara dont on dit qu'il s'était engagé devant les médiateurs de la crise dans ce pays de ne pas se représenter à un second mandat. Au Congo-Brazzaville, où le Président Denis Sassou-Nguesso est revenu au pouvoir les armes à la main pour renverser son vainqueur de l'élection présidentielle de 1991, non seulement la Constitution a été encore révisée pour lui permettre de se représenter, mais son application du coup KO n'a laissé aucune chance à ses adversaires qui lui dénient sa légitimité. Il est vrai que dans la plupart des cas ici évoqués la France, ancienne puissance coloniale, a été du côté du pouvoir en place. Les détournements des projets démocratiques ont donc de beaux jours devant eux à la lumière de l'existence d'alliances entre les pouvoirs africains soucieux de s'épauler pour contourner les exigences populaires et les règles du jeu démocratiques. Il y a même mieux car évoquant le discours développementaliste les dirigeants africains sont enclins à faire croire que la démocratie n'est plus la priorité, mais le développement. Comme dans les pays autoritaires d'Asie du sud-est, la Corée du sud ou Taïwan, ou encore la Chine… Sur le continent, la référence est devenue le Rwanda de Paul Kagamé où la démocratie éthnocratique est la règle non écrite en vigueur, sans alternances et sous une main de fer. Tous les dirigeants africains rêvent désormais de pouvoir faire comme lui à savoir faire semblant d'être des démocrates pour pouvoir mieux s'enraciner. Ce qui tombe bien désormais puisque les militaires ne peuvent plus les déloger étant donné que l'Union africaine offre son parapluie aux pouvoirs civils lesquels peuvent faire à leur guise une fois qu'ils sont installés au pouvoir. Leur nouvelle règle est : un homme, une voix, une fois. Une fois élus, ils restent à vie. Par tous les moyens nécessaires, y compris les micmacs et l'utilisation de la violence 'légitime' selon le principe Webérian, là aussi détourné de sa signification originelle…

Deuxième partie

Les voies du renouveau africain

Pour réussir son pari de devenir un continent respecté au cours du XXIe siècle, l'Afrique se doit impérativement de jouer sur deux leviers essentiels : le second est le développement équilibré de ses nations qui conditionne le premier, à savoir leur intégration, par l'économie, pour créer à la fois une économie d'échelle en mesure d'être compétitive dans un monde où le gigantisme sera le premier critère dans la compétition inter-étatiques ou inter-continents..

L'intégration régionale : un vieux rêve

« Le régionalisme africain post-OUA peut se glorifier d'une grande diversité normative et institutionnelle. »[25]

Malgré les soubresauts qu'il traverse encore au moment où se termine officiellement la guerre froide, avec le coup mortel que lui a asséné la chute du mur de Berlin, le continent africain ne semble pas trop se soucier de la persistance de certaines guerres civiles sur son sol, héritées des tensions idéologiques, ni des conflits générés par la course au pouvoir ou aux ressources de certains pays. Le sentiment qui prédomine est plutôt l'optimisme. Nombreux sont

[25] Seydou Nourou Tall, *Droit des Organisations internationales africaines*, éd. Credila, p. 485.

ceux qui s'empressent même de penser que le continent vit une seconde jeunesse ou, mieux, qu'il connaît une deuxième indépendance. Le rêve de liberté y était tellement puissant que tous ou presque préfèrent oublier les rigueurs induites par les politiques d'ajustement structurel et les contrecoups des hausses de prix du pétrole survenues la décennie précédente. Ni les réductions d'emplois dans les fonctions publiques africaines édictées depuis Washington par les institutions sœurs (Banque Mondiale et FMI) ni les difficultés économiques n'épargnant aucun des pays africains n'ont été suffisamment fortes pour refréner ce regain d'optimisme. Les années 1990 seront celles d'un nouveau lever de soleil.

En plus des intellectuels et citoyens qui revendiquent la démocratisation dans leurs pays, un courant altermondialiste se met en place pour récuser les politiques néo-libérales, contester les règles de l'Organisation mondiale du Commerce (OMC), née en 1994, à Marrakech, et exiger l'annulation de la dette oppressante qui a été imposée aux pays africains par des prêteurs ayant joué de leur cynisme et de leur dextérité, face à la naïveté, à la cupidité voire à la complicité de leurs interlocuteurs africains, pour créer les conditions d'un étranglement des économies du continent.

Chapitre 1

La relance du débat africain

Plusieurs signes confirment le renouveau africain. Aussi bien encadrés par les combats internes que ceux menés dans les régions qui composent le continent ou au plan continental, sans compter l'atmosphère quasi-révolutionnaire à travers la planète, il a fait penser au départ que tout devenait possible avant de tourner, souvent, en eau de boudin.

Il y a eu d'abord le réveil des sociétés civiles, en un mot, la redécouverte de la citoyenneté par les peuples africains qui profiteront du renouveau démocratique pour contester non seulement l'autoritarisme politique, mais remettre en question les corsets conceptuels imposés au continent au nom du triomphe, en matière économique, de la vision libérale en matière de gestion des États et entreprises, voire des sociétés. Ce sursaut sociétal fera le lit des mouvements nombreux qui verront le jour çà et là pour exiger une plus transparence dans la gestion des pays, une véritable application des normes démocratiques adoptées ou imposées, ou encore pour revendiquer une approche plus participative et inclusive dans la marche des affaires étatiques.

C'est dans cette foulée que les organisations régionales et l'unique à dimension continentale, l'OUA, prennent les dispositions pour donner à l'Afrique les armes institutionnelles en vue de réaliser son progrès économique, démocratique et sociale, sur fond d'une intégration économique revisitée[26]. Celle-ci prévue pour se réaliser au bout de trente-cinq ans fera long feu, mais montrait déjà que les dirigeants africains avaient compris qu'il leur fallait agir pour ne pas être emportés face au déferlement des changements provoqués par le séisme déclenché depuis la chute du Mur de Berlin…

On peut avec le recul considérer que la naissance dix ans plus tard, en l'an 2000, de l'Union africaine, doit beaucoup à ces moments turbulents où le communautarisme africain fut réactivé[27].

C'est dire que dans la formulation des nouveaux ordres qui se mettaient en place sur les débris de la guerre froide, les projets initiés en Afrique n'étaient pas en contradiction avec des processus d'intégration accélérés entamés ailleurs dans le monde. Comme au sein d'une Union Européenne élargie aux pays d'Europe de l'Est, d'une consolidation de l'intégration régionale dans les pays membres de l'Association des nations du Sud-Est Asiatique (ASEAN), d'une relance des activités du Mercosur en Amérique Latine et d'une création de l'Accord de libre-échange Nord-Américain (ALENA).

La communauté économique africaine malgré son entrée en vigueur après sa ratification par le nombre de pays requis pour le quorum restera dans ses langes et ne verra jamais le jour.

C'est que depuis le régionalisme économique a pris une dimension qui la réduit aux actions de proximité menées par les

---

[26] Dès le mois de juin 1991, alors que sous les coups de boutoir de son opposition armée, le Derg, s'effondre le régime du Président Éthiopien, Mengistu Haïlé-Mariam, le Négus Rouge, surnommé ainsi pour son adhésion stricte à la praxis marxiste-léniniste, l'OUA, dont le siège se trouve dans la capitale Éthiopienne, Addis-Abeba, se déplace, dans la précipitation, pour tenir son Sommet de Chefs d'État et de gouvernement à Abuja, capitale fédérale du Nigeria, et décide d'y lancer une Communauté économique africaine.

[27] La communauté économique africaine avait pour ambition de s'appuyer sur 5 régions représentant les différentes zones géographiques du continent – Maghreb, Afrique de l'Ouest, Afrique du Centre, Afrique Australe, et Afrique de l'Est – pour réaliser une union économique à l'horizon de l'an 2035.

déjà existantes organisations régionales telles que la Communauté économique des États de l'Afrique de l'Ouest (CEDEAO), pour l'Afrique de l'Ouest, la Communauté Économique des États d'Afrique Centrale (CEEAC), pour l'Afrique de l'Ouest, l'Autorité intergouvernementale sur le développement (IGAD), pour l'Afrique de l'Est, ou la Conférence pour le développement en Afrique Australe (SADC) en Afrique australe.

Le cas de la CEDEAO était emblématique de cette mutation en ce qu'elle se révélait comme l'un de ces complexes de sécurité où les États membres (16 à sa création le 28 mai 1975, ramenés à 15 depuis le retrait de la Mauritanie) mutualisent leurs capacités militaires et politiques pour faire face à leurs défis internes ou régionaux.

Les circonstances l'y avaient forcée : en 1990, alors que la communauté internationale concentre son attention sur les sables chauds du Golfe Persique où l'invasion, le 2 août, du Koweït par l'Irak allait provoquer une guerre multinationale sous le leadership des USA pour mettre fin à l'occupation irakienne, les pays ouest-africains s'étaient retrouvés seuls, délaissés, pour trouver une réponse à la crise naissante au même moment au Libéria et qui menaçait l'équilibre de leur région.

D'organisation régionale à vocation économique à sa création en pleine guerre froide quand aucune autre plage que celle-là n'était possible, la CEDEAO, maintenant libérée des contingences idéologiques Est-Ouest, s'engouffra dans le vide qui se présentait devant elle.

C'est de ce moment que date son action en faveur de la résolution des conflits dans la région, tel qu'envisagé par le chapitre 8 de la Charte de l'ONU, qui prévoit une délégation aux instances régionales à cette fin, mais aussi parce que la nature ayant horreur du vide, elle ne pouvait pas ne pas agir pour éviter que la crise du Libéria ne déstabilise tous ses pays membres. La création de l'ECOMOG, lors d'un Sommet de la CEDEAO tenu à Banjul à cette période, sera le signe le plus distinctif de l'évolution de l'organisation régionale vers d'autres missions qu'économiques depuis lors. On pourrait même être tenté d'en déduire aujourd'hui qu'elle n'est plus seulement une organisation régionale centrée sur l'économie.

Ses missions diversifiées, embrassant la politique, la résolution des conflits, les questions environnementales, font qu'il est loisible de penser qu'il est grand temps de changer le sigle CEDEAO en Communauté des États d'Afrique de l'Ouest (CEAO), sigle plus conforme à la diversité de ses missions actuelles que celui de CEDEAO plus axée sur l'économie. Ce changement de sigle, même si l'utilisation de l'acronyme CEAO pourrait prêter à confusion en raison de la défunte CEAO qui couvrait les pays francophones, est nécessaire afin de placer l'action de l'organisation régionale qui s'étend de Dakar à Lagos sous la vraie réalité protéiforme qu'elle englobe.

Sur ses pas, on peut relever que les autres instances régionales africaines ont commencé à devenir actives dans la résolution des conflits dans leurs régions respectives. Comme la CEEAC intervenant en République centrafricaine (RCA) via la MISAB, l'IGAD, dans le conflit en Éthiopie qui finira par la création, de ses flancs, de l'Érythrée, ou encore la SADC dans les différents litiges en RDC, en Angola ou en Namibie…

En plus des efforts endogènes entrepris pour résoudre les conflits, la décennie 1990 sera aussi celle de l'adoption de principes directeurs en vue d'encadrer les nouvelles démocraties africaines. Si les pays anglophones du continent, tous membres du Commonwealth, se retrouvèrent liés à la Déclaration de Principes votée au Sommet du Commonwealth en 1991 à Harare, c'est celle que la CEDEAO reprit pour son compte sur le même modèle qui sera la première, pour les pays d'Afrique de l'Ouest, à indiquer, en 1992, puis dans le cadre du Traité révisé de l'Organisation, un an plus tard, à définir les conditions et normes de la démocratie dans la région.

Peu après la conférence de la Francophonie, elle aussi, réunie à Bamako, se mit à jour en exigeant l'application de principes démocratiques au sein de ses États membres.

Emmenées par l'OUA, les organisations régionales se mirent aussitôt à organiser politiquement les changements en cours en se dotant d'experts électoraux, chargés de veiller à la bonne conduite des élections, et en envoyant des observateurs, sous la conduite de dirigeants à la retraite de la région comme les anciens Président Abdulsalami Abubakar, John Kufuor, ou Ousmane Mahamane...

C'est aussi la période où l'OUA se dote de ses premiers mécanismes de maintien de la paix à l'occasion du Sommet de l'organisation au Caire en 1993[28].

L'union africaine, modelée sur l'union européenne dont elle a repris jusqu'à la caricature ses principales dispositions, se fera, en matière de maintien de la paix et de résolution des conflits, la parfaite élève de l'ONU et un peu de la CEDEAO dont elle a emprunté les méthodes et enseignements parce qu'étant la première organisation africaine à poser les pas pour une réponse africaine aux défis des conflits, même si certains peuvent évoquer les efforts, inaboutis, de l'OUA au Tchad en 1981 ou ceux de l'Accord de non-agression et de défense (ANAD) dus aux pays francophones ouest-africains[29].

Avec les grandes réformes économiques engagées dans plusieurs pays du continent, dont ceux de l'Afrique francophone qui seront obligés de dévaluer leur monnaie, le CFA, pour redresser des économies en somnolence, les bases macroéconomiques seront progressivement assainies. Si bien qu'en entrant dans le XXIe siècle, l'Afrique retrouvait des couleurs que les moins avertis observateurs, loin des réalités, ne pouvaient pas déceler.

---

[28] Adoptées en cette circonstance dans un contexte de décrispation politique illustrée par la libération trois ans plus tôt de Nelson Mandela – qui se trouve d'ailleurs au Caire en compagnie de Jessie Duarté – les résolutions de l'OUA resteront sans effet avant d'être remplacées plus tard à travers l'architecture de paix et de sécurité africaine (APSA) qui est une réplique de celle de l'Onu.

[29] Dans les années 1990, ce qui a justifié davantage ce regain d'activisme autour de la résolution des conflits, c'est incontestablement le génocide au Rwanda et ses tragiques effets, en 1994, sans le secours de la communauté internationale ou la guerre multinationale en RDC qui a fait plus de 6 millions de morts à partir de 1997.

Paradoxe des paradoxes : alors que le magazine The Economist la présentait comme sans espoir, et que la priorité accordée par les pays de l'Organisation du Traité de l'Atlantique Nord (Otan) sur la crise dans les Balkans au détriment des conflits africains, il fallait être attentif aux changements à l'œuvre pour comprendre que l'Afrique était déjà sur une orbite nouvelle pour bénéficier des nouvelles opportunités qui allaient se présenter à elle au début des années 2000.

Un printemps politico-économique africain, cependant contrarié s'offre à l'Afrique, à ce stade de son évolution, comme l'attestent, entre autres, les nouvelles pandémies transfrontalières sur fond de reflux démocratiques sur le continent.

SECTION 1. UN PRINTEMPS POLITICO-ÉCONOMIQUE CONTRARIÉ

Le XXIe siècle démarre en fanfare en Afrique et certains, amateurs de paraboles, croient y voir l'amorce d'un printemps sur un continent dont les saisons, en dehors de certaines régions australes et maghrébines, pour l'essentiel, alternent entre chaleur de la saison sèche et températures moyennes en période hivernale. Si on parle de printemps africain, c'est par référence à ce qu'un climat printanier renvoie toujours dans l'esprit des élites africaines dont beaucoup ont été formées dans des climats tempérés de type européen à cette saison quand les fleurs et le soleil redonnent vie à la nature et la rendent particulièrement agréable à vivre.

Pour s'être serré la ceinture pendant de nombreuses années, depuis le début des années 1980, le continent africain se trouve, au début du XXIe, dans un état nettement amélioré, comme un avion sur une piste, prêt à décoller.

Ce qui semble confirmer une telle perspective, c'est d'abord le fait qu'à l'intérieur de l'Afrique même de nouveaux leaders ont pris en charge des pays en transformation, mais surtout se sont engagés à jeter les bases d'une renaissance africaine et d'un nouveau partenariat avec le reste du monde fondé sur une claire répartition des devoirs et rôles[30]. En harmonisant leurs programmes, pour n'en faire qu'un seul, les chefs d'états africains ont créé le Nouveau partenariat pour le développement de l'Afrique (NEPAD)[31].

Le NEPAD ne verra officiellement le jour qu'en 2002 en même temps que l'Union africaine entre en vigueur pour officialiser sa succession de l'OUA dont l'acte de décès avait été posé deux ans plus tôt lors du dernier Sommet tenu sous son égide, à Lomé, en juillet 2000.

Le lancement du NEPAD est révolutionnaire dans un sens qui n'inquiète pas les milieux d'affaires internationaux ni les partenaires étatiques, surtout des pays développés, de l'Afrique. Après avoir été opposés aux plans et autres programmes africains, y compris le Plan d'Action de Lagos lancé en pleine guerre froide qu'ils soutinrent du bout des lèvres, les pays occidentaux sont les premiers à féliciter les concepteurs du nouveau projet sorti des méninges des dirigeants africains.

C'est, pensent-t-ils, une initiative qui cadre avec l'air du temps en permettant à l'Afrique de prendre ses responsabilités dans son propre développement. En échange d'un règlement des conflits, d'une meilleure gouvernance économique et d'un respect des principes démocratiques, l'Occident s'engage à contribuer au financement du NEPAD évalué sur une période de dix ans à environ 700 milliards de dollars.

Cerise sur le gâteau, comme pour montrer leur bonne foi, les pays les plus industrialisés invitent à partir de 2001, au Sommet de

---

[30] Dès le mois de novembre 1989, répondant à une interview du prestigieux journal des affaires londonien, le *Financial Times*, le cérébral Président sud-africain d'alors, Thabo Mbeki, balayant les critiques sur les dangers qui pèsent encore sur l'Afrique, déclare que le XXIe siècle doit être celui de la renaissance pour l'Afrique. Ni la forte prévalence du sida dans plusieurs pays africains, dont le sien, ni encore la question de la lourde dette à plusieurs centaines de milliards de dollars due par le continent à ses créanciers, ne lui font douter de son pronostic.

[31] Les initiateurs de cette nouvelle vision africaine du développement sont, outre le Président sud-africain, ceux du Nigeria, Olusegun Obasanjo, du Sénégal, Abdoulaye Wade et de l'Algérie, Abdel Aziz Bouteflika.

Gênes (Italie) puis aux Sommets suivants, les quatre initiateurs du NEPAD pour non seulement les écouter, connaître le partenariat qu'ils envisagent avec eux, mais montrer à la face du monde qu'ils appuient ce projet.

Le NEPAD vise principalement à développer les infrastructures en Afrique, à faciliter le commerce intra-africain et à utiliser les compétences africaines.

Dire que le ciel est bleu en ces débuts du XXIe siècle est un doux euphémisme. En fait tout semble marcher comme sur des roulettes pour l'Afrique. Déjà, dès l'an 2000, le mouvement Jubilé 2000, effacez-la-dette, produit une prise de conscience réelle sur un phénomène profond et, entre autres facteurs, se traduira au Sommet de Gleeneagles du G8, en Écosse, par une annulation des dettes multilatérales africaines. Auparavant, épousant le contexte parce qu'aussi pressées dans ce sens par les mouvements altermondialistes en verve, les institutions de Bretton Woods ont mis en place des mécanismes de réduction de la dette publique des pays les plus endettés (PPTE).

La conséquence en est une embellie pour la plupart des économies africaines qui n'étouffent plus sous le poids de la dette et se retrouvent à des niveaux nettement gérables, soutenables, des dettes à leur passif. Rapportés au PIB, le ratio de la dette se retrouve dans maints pays à un taux inférieur à 25 %, loin des critères les plus sévères.

Ce qui a aidé l'agenda africain pendant les premières années du XXIe siècle tient à des facteurs nouveaux survenus sur la scène internationales : en plus d'une Afrique qui annonce sa volonté de se prendre en charge, de l'activisme des organisations non gouvernementales et de la société civile, il faut dire que l'attaque du 11 septembre 2001 aux États-Unis, couplée à la guerre contre le terrorisme en Afghanistan et en Irak, ont créé les conditions pour que les principaux dirigeants du monde occidental réalisent qu'ils ont des devoirs en matière de promotion du développement afin d'éviter que le terreau de la pauvreté ne devienne le terrain par lequel le terrorisme se ressource, vienne y puiser de nouvelles forces.

Il ne manquait que la demande exponentielle de matières premières africaines pour donner à l'Afrique l'image d'un continent vivant, sous les tropiques, un climat printanier tant les circonstances semblaient lui être favorables… avant que soudain, comme dans toutes les économies tributaires de ressources aussi incertaines, des violents contre-chocs ne contrarient les espoirs d'un décollage africain trop rapidement annoncé. C'est qu'en plus de ses défis de toujours, l'Afrique fait maintenant face à de nouveaux, d'ordre sécuritaires et à la montée du terrorisme.

A. Les nouveaux défis sécuritaires

Alors que le soleil semblait briller au firmament du ciel africain, un changement brutal surprend tous les observateurs avec un soudain assombrissement provoqué par des nuages inattendus : du bleu ciel azur, il passe au gris foncé avec l'imminence d'orages puissants.

Ces menaces qui planent sur le continent étaient pourtant perceptibles pour qui voulait en détecter les symptômes avant même que les attaques terroristes du 11 septembre 2001 ne viennent faire de cette question l'un des paradigmes dominants du nouveau siècle. Déjà, vers la fin des années 1990, deux attentats terroristes, certes contre des intérêts américains, mais sur le sol africain, auraient dû servir d'alerte : survenus à Dar-es-Salam (Tanzanie) et Nairobi (Kenya), ils avaient fait plus de deux cents victimes.

Quand le séisme du 11 septembre se produit, et que les images défilent sur les écrans de télévision africains en temps réel, le choc n'est pas la seule raison qui empêche de réaliser que l'Afrique après en avoir été l'un des précurseurs pouvait aussi être l'avenir de ce terrorisme foudroyant, mortel, qui se donnait ainsi à voir.

Les transformations politiques en cours et le super-cycle économique né de la hausse des prix des matières premières africaines viendront ajouter au ponce-pilatisme ambiant : l'Afrique est plus concernée par ses bons résultats économiques, par le dynamisme de ses sociétés, par la reconstitution de son capital politique. Elle en oublie les effets possibles de ces attaques du 11 septembre sur son propre devenir.

L'embellie économique était aussi prise pour argent comptant, comme une donnée durable, voire définitive, alors que dans le passé les matières premières avaient fait vivre au continent une période de yo-yo économique se soldant par des cycles économiques incertains. Versant dans un optimisme béat, la plupart des Africains sont très peu nombreux à voir venir le brutal contre-choc survenu depuis deux ans et dont la conséquence est l'impasse économique de beaucoup de pays frappés de plein fouet par une crise multiforme aussi profonde que brutale.

De nouveaux défis viendront remettre davantage en question les progrès africains. Cette fois-ci, au lieu d'être un levier bénéfique à l'Afrique, la mondialisation révèle sa face cachée avec les nouvelles pandémies transfrontalières qui se transforment en freins à ce processus autant qu'elles donnent un coup d'arrêt au renouveau économique des pays qu'elles frappent. Il en est surtout ainsi de la maladie à virus Ebola et des nombreuses menaces sécuritaires qui vont transformer l'ordre africain après Berlin en lui redonnant l'image désordonnée qu'il n'avait plus eue. Ces défis continuent de se traduire en multiples points d'interrogations alors que l'Afrique écartelée entre les espoirs du début du siècle et les angoisses actuelles est loin d'avoir encore trouvé les certitudes sur son destin dans un monde en flux continu.

Les nouvelles menaces qui s'agglutinent sur son ciel surprennent une Afrique impréparée à y faire face. Après avoir surmonté les défis qui se posent à elle aussitôt après l'écroulement du Mur de Berlin, dans les années 1990, son évolution devenait flamboyante au cours des premières années du nouveau siècle. Il n'est pas étonnant qu'elle soit alors sur les nuages tant tout semblait alors lui réussir. L'économie connaissait des tendances haussières partout à travers le continent alors que son positionnement géopolitique se fortifiait sur fond d'un retour de la paix revenait dans les territoires de ses États en même temps que la démocratie y faisait de notables progrès.

Est-ce par insouciance ou excès d'optimisme ? Toujours est-il que les premiers chocs survenus à partir du milieu de la décennie 2000 trouveront une Afrique désemparée, presqu'incapable de faire face à la crise protéiforme qui la frappe de plein fouet au point de la jeter, depuis lors, dans un marasme économique violent doublé d'une précarité causée par le surgissement de nouvelles menaces sécuritaires et des pandémies transfrontalières jusqu'alors inconnues.

Ce qui semblait être un ordre africain prévisible, tourné vers le réveil du continent, se mue désormais en un ordre que l'on peut qualifier de... désordonné alternant entre les moments de répit et les tourments qui le plongent dans des périodes difficiles où le doute prend le dessus sur l'espoir d'une renaissance africaine.

B. L'Afrique dans le cycle du terrorisme

C'est l'un des phénomènes les plus étranges de l'Afrique actuelle. Le terrorisme a augmenté. L'attractivité du continent en ce que dans la lutte mondiale pour le contenir, il l'a rendu plus stratégique qu'il ne l'était plus depuis la fin de la guerre froide. La menace qu'il représente a, par ailleurs, fait de l'Afrique une zone plus dangereuse qu'auparavant : le terrorisme s'y meut comme du couteau dans du beurre car à la différence d'autres régions du monde ayant su se doter de mesures aptes à réduire son impact, l'Afrique reste, largement, poreuse aux forces du terrorisme.

Trois dates ont été décisives dans la prise de conscience de l'importance du terrorisme en Afrique :

- La sortie de la clandestinité, à la mosquée de Kouba, le 10 mars 1989, du Front islamique du Salut (FIS), officieusement annoncée par le porte-parole du mouvement, Abassi Madani, marque à la fois le point de départ de son action et celui d'un long combat pour l'islamisme qui, le premier, fera appel à un terrorisme religieux pour s'ancrer sur le continent. Parti islamiste, le FIS obtiendra, six mois plus tard, le 16 septembre, son agrément délivré par le ministère de l'Intérieur, ce qui en fera l'une des premières structures organisées engagées dans la promotion de l'islamisme sur le continent, avant que ce prosélytisme ne débouche sur une lutte armée[32], que d'autres amplifieront, afin de pousser les militaires algériens sur la défensive.

La suite est connue. Forcés à la clandestinité, les islamistes se transforment en mouvements terroristes qui feront régner sur l'Algérie une période de terreur sans précédent. Alors que se multiplient les exécutions extra judiciaires, les sympathisants du FIS s'engagent peu à peu dans une lutte armée contre l'État. De nombreuses personnalités civiles (intellectuels, artistes, journalistes) vont être assassinées dans des conditions mystérieuses. Depuis lors, des témoignages émanant notamment de membres des services secrets de l'armée algérienne ont établi qu'un grand nombre de ces assassinats avaient été commis par les officines de l'armée qui avaient pris le contrôle des groupes islamistes ou même s'y étaient substitués. Cette stratégie avait pour objectif de discréditer l'opposition islamiste à l'intérieur comme sur la scène internationale et de déplacer sur le terrain strictement sécuritaire une lutte que le pouvoir savait perdue sur le terrain électoral et politique.

Ce n'est que vers la fin des années 1990, voire au début des années 2000, que sans avoir totalement exorcisé les causes du terrorisme qui l'a paralysée pendant plus d'une décennie, que l'Algérie retrouvera progressivement les sentiers de la paix. Est-elle durable ? Le pardon accordé aux terroristes et militants du Fis

---

[32] Le FIS ne tardera pas à faire des percées dans un électorat algérien alors déçu des résultats économiques du pays : lors des élections locales du 12 juin 1990, premières élections libres en Algérie depuis son indépendance, le FIS remporte 953 communes sur 1539 et 32 provinces sur 48, au total il remporte 54 % des suffrages exprimés ; et un an plus tard, le26 décembre 1991, le FIS obtient 188 sièges sur 231, soit près de 82 %, aux élections législatives. C'en est trop. L'armée décide le 11 janvier 1992 de pousser le chef de l'État, le président Chadli Benjedid, à la démission et d'interrompre le processus électoral.

suffira-t-il à enterrer définitivement ce lourd passé ? Cela n'est pas sûr. D'autant plus que les ramifications du terrorisme n'ont cessé de s'étendre, portées par des sources financièrement et idéologiquement puissantes et prêtes à intégrer l'ensemble du continent dans le paradigme du terrorisme…

- Le deuxième palier de l'avancée du terrorisme sur le continent, après son emprise sur l'Algérie, se retrouve dans les attentats contre les ambassades américaines de Nairobi et de Dar Es-Salaam, le 7 août 1998.

De fait, même si l'Afrique a connu des violences liées aux guerres civiles ou à des crimes économiques, avec utilisation d'armes pour les effectuer, on peut véritablement dater son entrée dans le dangereux cycle des attentats terroristes avec les attentats des ambassades américaines en Afrique de 1998[33]. Leurs auteurs, on l'apprendra plus tard, étaient liés à des membres locaux d'Al-Qaïda. Ce fut un moment important dans la prise de conscience de la question du terrorisme puisque ces attentats apportèrent à Oussama Ben Laden, une attention particulière, notamment de la part des États-Unis qui le placèrent dans la liste des dix fugitifs les plus recherchés du FBI. On notera qu'avec l'attentat du World Trade Center de 1993, l'attentat des Tours de Khobar en Arabie Saoudite, et l'attaque de l'Uss Cole au Yémen, les attaques des ambassades américaines en Afrique font partie des attentats antiaméricains les plus importants qui précédèrent ceux du 11 septembre 2001.

Autant dire que sans le réaliser, l'Afrique était au départ du mouvement terroriste qui a redéfini les frontières des relations internationales depuis ces années 1990.

- Les attentats du 11 septembre 2001, comme partout ailleurs dans le monde, feront monter en gamme, en Afrique, la gravité du terrorisme.

---

[33] C'est alors que l'Afrique au Sud du Sahara s'y trouve de plain-pied. C'est au matin du 7 août que se produisent, cette année-là, simultanément, des attaques-suicides dans les capitales du Kenya, Nairobi, et de Tanzanie, Dar Es-Salaam.

Quand les États-Unis, répondant à l'humiliation et au bain de sang, qu'ils ont généré, ont décidé de mener une guerre globale contre le terrorisme, sous le jargon « *war on terror* », rendu populaire par leur président, George Bush-Jr, l'Afrique n'avait cependant pas encore véritablement mesuré, malgré les dizaines de victimes sorties des ruines des ambassades américaines au Kenya et en Tanzanie, qu'elle pouvait être à nouveau une terre de déploiement de l'hydre terroriste.

C'est qu'elle était alors enivrée par l'embellie de ses perspectives économiques qui furent d'ailleurs renforcées par le raidissement des économies occidentales tenaillées par la peur d'une propagation du cancer terroriste.

Ce que l'on ne savait pas, c'est que son répit n'était que momentané puisque progressivement, par divers angles, le terrorisme allait devenir un grand enjeu africain[34].

On oublia la question pendant longtemps jusqu'à ce qu'elle revienne avec virulence se rappeler au souvenir des africains.

Son retour se fait sur la même couleur… verte, celle de l'islam, qui avait vu le terrorisme faire ses débuts en Algérie.

Comme un cancer ayant métastasé, le terrorisme est désormais présent dans diverses régions du continent comme le relève Jean-François Daguzan[35].

---

[34] La question fut certes débattue dès le 17 octobre 2001 grâce à Abdoulaye Wade, alors président du Sénégal, qui eut l'idée de convoquer une conférence à Dakar pour en débattre. Hélas, comme dans la plupart des grandes conférences thématiques africaines, celle-ci se termina aussi par un chapelet de résolutions destinées à juguler le terrorisme en Afrique. Mais c'était aussitôt pour les voir se retrouver dans les tiroirs bureaucratiques.

[35] Selon Jean-François Daguzan, Directeur Adjoint de la Fondation pour la recherche stratégique, « la violence extrémiste islamiste, longtemps limitée à l'Afrique du Nord et à la Somalie, forme un continuum stratégique africain de l'Atlantique à la mer Rouge et au nord vers la Méditerranée, avec désormais la transversale saharo-sahélienne comme fil conducteur. Cette évolution, dont le terrorisme est une des manifestations les plus visibles et dramatiques, emporte une dimension politique et stratégique plus large qu'il s'agit d'embrasser dans sa totalité. »

Il ajoute : *« Ce phénomène, bien que prenant sa source dans l'idéologie d'Al-Qaïda et de ses inspirateurs théoriques, diffère de la première génération de jihadistes dont l'implantation en l'Algérie fut la manifestation la plus importante en Afrique. En effet, après l'échec sanglant des tentatives d'implantation locale (Algérie, Égypte, Caucase, notamment) dans les années 1990, ces derniers s'étaient retournés vers « l'ennemi lointain »* (pour reprendre l'expression même d'Al-Zawahiri) – au premier chef les États-Unis et les pays européens ».

Le terrorisme est un des indicateurs de l'état de l'Afrique après la fin de la guerre froide. Il ne se passe plus de mois, à coup sûr, voire de semaines, sans que quelque part sur le continent ne se déploie une menace terroriste.

Les causes en sont nombreuses, pas encore complètement réunies, et peuvent se rapporter d'une part à des guerres mal négociées, à une gouvernance inéquitable ou incapable, voire faible.

Dans la bande Sahélo-Saharienne, le phénomène du terrorisme qui a affaibli, jusqu'à presque abattre l'État malien, trouve ses racines dans le conflit libyen où, pour chasser le vieux dirigeant autocrate, mais surtout anti-occidental, Mouammar Kadhafi, le guide du riche État pétrolier, France et Grande Bretagne, se réfugiant derrière l'Otan, et sous un parapluie forcé de l'ONU, ont laissé derrière eux un chaos qui a jeté sur les voies du désert des hommes en armes à la recherche d'une nouvelle cause après la chute de celui qui avait su, d'une main de fer, maintenir l'ordre interne en Libye.

Ces militants reconvertis dans la cause islamistes et alliés à des sécessionnistes retirés dans le Nord du Mali, ont contribué aux efforts de sécession de la région de l'Azaouad et participé à la déstabilisation de la région ouest-africaine où le terrorisme a pu essaimé depuis lors… Sans le projet de changement de régime engagé par le Président français d'alors, Nicolas Sarkozy, et son collègue Britannique, David Cameron, il n'est pas impossible que le mouvement Al QAIDA au Maghreb et les autres ramifications ou nouveautés dans la propagation du terrorisme n'auraient jamais existé.

Le Mali en a été l'une des victimes les plus visibles. Il est directement dans l'œil du cyclone, sous la menace constante d'Al-Qaïda au Maghreb islamique qui a résulté de l'allégeance d'un des groupes terroristes nés en Algérie, en 1988, le GSPC (Groupe salafiste pour la prédication et le combat) à Al-Qaïda. Aqmi a l'ambition de faire tomber le régime Algérien pour créer un Califat qui inclurait la nouvelle Algérie et s'étendrait entre le nord du Mali, le Niger occidental et la Mauritanie orientale. Aqmi vise des cibles occidentales : deux journalistes de RFI ont été tués en novembre 2013 par la nébuleuse terroriste que l'on retrouve aussi derrière les prises d'otages des clients du Radisson de Bamako en novembre 2015 et dans les attaques contre des lieux touristiques à Ouagadougou peu après.

La puissance de feu d'AQMI a révélé les limites des capacités des États de la région à faire face de façon autonome, ce qui les a contraint à faire appel aux forces spéciales occidentales, à leurs drones, voir à leur intervention militaire sous la bénédiction de l'ONU. La grande question est celle de savoir si, une fois engagées sur un théâtre d'opérations africain, ces forces étrangères ne poursuivent-elles pas un agenda différent de celui des pays qui commettent la maladresse de les accueillir. De Bamako à Bangui où les forces françaises ont été conviées en renfort, cette question se pose avec une grande acuité.

Dans la plupart des cas, on a affaire à des États en défaillance. Tel est notamment le cas du Mali qui doit sa déliquescence au fait que la projection du pouvoir malien était limitée pratiquement à la seule capitale, Bamako, et l'incapacité de l'État n'a fait que s'accentuer à mesure que la politique du consensus a fini par transformer le Mali en un vaste territoire non gouverné qui n'attendait que l'arrivée de forces terroristes pour le déstabiliser.

Le terrorisme en Afrique se lit aussi aujourd'hui à travers les attaques meurtrières et sanglantes du mouvement Boko Haram né entre le Niger et le Nord du Nigeria. Au départ, à sa création en

2002 par Mohammed Yusuf, dans la ville de Maiduguri (État de Borno), Boko Haram – le livre est un péché, autrement dit, l'éducation occidentale l'est –, se donne pour mission d'installer un islamisme fondamentaliste fondé sur les préceptes rigoristes de la Charia. Ses débuts ne sont pas impressionnants cependant même si le groupe parvient à mobiliser des foules autour de lui en leur venant en aide dans un contexte d'absence de l'État fédéral et local. Secte composée d'illuminés, son statut change quand il fait l'objet d'une attaque violente de l'armée nigériane, en septembre 2009, provoquant plus de 800 morts. Son chef, l'imam Yusuf, est tué dans le processus. La conséquence en est la radicalisation de Boko Haram, depuis lors.

Il s'appuie sur les populations locales qui lui servent de boucliers, et pour cause : elles lui sont redevables de leur avoir fourni des services sociaux essentiels pour des régions laissées-pour-compte par le pouvoir central nigérian. Sa radicalisation n'étonne pas quand on sait qu'il s'est mis sous la coupe de l'État islamique au Moyen Orient – DAESCH, lequel est nourri au lait du salafisme, cette version traditionaliste de l'islam qui est promue par l'Arabie Saoudite et, surtout, le Qatar, en Afrique[36].

Compte tenu de la régionalisation du phénomène, le terrorisme a déclenché un nouvel ordre autour du Mali où les interventions militaires sous couverts de la CEDEAO et de l'ONU, ont en plus généré la constitution d'un groupe de pays, le G5, décidé à faire face ensemble. La mutualisation des capacités militaires et logistiques, le renseignement et le plaidoyer pour contenir les attaques de Boko Haram explique pareillement le front mis en place par les pays directement concernés par Boko Haram.

---

[36] Si les tueries de Boko Haram, à travers ses attentats à la bombe, sur les marchés, les églises et autres lieux publics ou ses prises d'otage, dont le célèbre rapt de 200 écolières à Chibok visent prioritairement les chrétiens au point de secouer la délicate fibre nationale du Nigeria, on peut aussi retenir qu'elles n'épargnent ni les populations musulmanes ni celles des pays limitrophes du Nigeria.

Le terrorisme dans la région d'Afrique de l'Est que l'on doit à l'émergence des Shebabs, terme qui signifie jeunesse, et dont la naissance a été suscitée par l'intervention des Éthiopiens en Somalie en 2006. Des hordes terroristes, nées des flancs de la faillite de l'État Somalien en 1991, les Shebabs qui rêvent d'introduire la Charia en Somalie et de la transformer en État islamique sont une extension du mouvement Al QAIDA ayant son leadership au Pakistan.

Sa création est une autre manifestation d'un mal qui se meut à travers l'Afrique comme un poisson dans l'eau.

Les SHEBABS se distinguent par la cruauté de leurs attaques qui dépassent la Somalie et se produisent fréquemment, de façon spectaculaire, au Kenya où des supermarchés et des écoles ont fait les frais de leur audace et détermination à étendre leurs tentacules – au service d'une cause islamiste désormais gouverné de loin par l'internationale du terrorisme établie entre le Moyen Orient et l'Asie.

Certes Al QAIDA a perdu de sa superbe en raison du combat vigoureux que les pays occidentaux lui mènent, mais les interventions américaines et européennes (en Irak et en Libye) ont jeté vers l'Afrique des militants du groupe où ils ont pu ajouter à l'action des mouvements extrémistes algériens pourchassés par leur armée nationale.

L'ordre africain qui a tenté de se mettre en place après la chute du mur de Berlin ne pouvait pas échapper aux secousses provoquées par le terrorisme surtout, qu'en étant le ventre mou dans le combat pour l'endiguer, l'Afrique a été aussi un terreau fertile pour d'autres formes d'actions criminelles qui ont profité du vide pour s'installer. C'est ainsi que les trafics en tous genres, dont celui de la drogue, ont prospéré pendant qu'au même moment l'émergence de pandémies transfrontalières venait affaiblir davantage les États concernés par le terrorisme.

La question non-encore résolue est de savoir pourquoi à ce jour, sur une question aussi cruciale, l'Union africaine n'a pas encore apporté de réponses africaines pour y faire face. Elle a pourtant toutes les raisons de s'y atteler dans la mesure où la guerre contre le terrorisme déclenchée à l'échelle mondiale a remis l'Afrique au cœur des préoccupations des pays occidentaux les plus frappés par le phénomène en même temps qu'il suscite un intérêt grandissant des partenaires originaires des pays du Sud, les pays émergents, soucieux de participer, eux-aussi, à la lutte contre le terrorisme, maritime ou terrestre, pour pouvoir maintenir ouvertes et stables, pacifiques, les lignes commerciales qui les relient au continent.

Une telle occasion en or sera-t-elle gâchée ? Ce n'est pas impossible. Toutefois, compte tenu du consensus autour de la lutte pour en finir avec les menées terroristes, on peut comprendre que l'ordre africain post-guerre froide ne se fera pas sans tenir compte du rôle du continent dans cette lutte à mort contre un mal jusqu'ici capable de remettre en question les plus grandes ambitions de développement qu'il peut nourrir en ce XXIe siècle.

SECTION 2. PANDÉMIES TRANSFRONTALIÈRES ET REFLUX DÉMOCRATIQUES

Alors que l'Afrique fait face à partir des années 2000 à une résurgence du terrorisme, les crises alimentaires, financières et celle créée par la brutale hausse en 2008 des prix du baril de pétrole atteignant en avril de cette année-là un pic de 147 dollars le baril, viendront freiner brutalement ses perspectives jusqu'alors optimistes. C'est de cette dynamique que participe en plus de la persistance des maladies classiques comme le paludisme ou les diarrhées enfantines, l'émergence de nouvelles pandémies transfrontalières qui ont accentué le reflux des économies africaines au point que les estimations du Fonds monétaire international (FMI) tablent sur un taux de croissance moyenne de 1,6 % pour l'Afrique, c'est-à-dire un taux négatif si on le rapporte au niveau plus élevé de la croissance démographique. Cela s'explique certainement par des pandémies émergentes, mais aussi par le manque de progrès démocratique sur le continent.

A. Les pandémies… émergentes

Les nouvelles maladies qui sont venues assombrir le ciel africain n'étaient pas celles attendues mais plutôt le Sida dont on pensait à la fin des années 1990 qu'il était une malédiction divine envoyée du ciel pour, sans excès verbal, pensaient les plus pessimistes, libérer le reste du monde du fardeau africain. On s'imaginait que ses victimes seraient si nombreuses que la démographie africaine en serait effacée définitivement de la carte du monde.

Il est vrai que le Sida avait de quoi faire peur au sortir de la guerre froide sur le continent. La baisse des aides publiques au développement, le manque d'infrastructures sanitaires, les faibles percées de la médecine dans la recherche pour le contenir en faisait un mal potentiellement dévastateur. Déjà au début du XXIe siècle l'ampleur de la question était telle que l'Organisation des Nations unies (ONU), par son agence spécialisée, l'Organisation mondiale de la santé (OMS), avait dû convoquer une réunion extraordinaire, du 25 au 27 juin 2001, afin de camper la sérologie du VIH, le virus qui est la cause du Sida[37].

- Les taux d'infection chez les jeunes **Africaines** sont beaucoup plus élevés que chez les jeunes hommes, les taux chez les adolescentes de certains pays étant cinq fois supérieurs à ceux des jeunes garçons. Parmi les jeunes au début de la vingtaine, les taux sont trois fois plus élevés chez les femmes. En Afrique, le pic des

---

[37] À ce moment-là, les nouvelles infections en Afrique étaient estimées à 3,8 millions, contre 4 millions en 1999. L'Onu précisait que :

- Le nombre **total** d'Africains vivant avec le VIH ou le SIDA était, en l'an 2000, de 25,3 millions. Dans **huit** pays africains, 15 % au moins des adultes sont infectés. Dans ces pays le SIDA provoquera le décès d'un tiers environ des jeunes Africains aujourd'hui **âgés de 15 ans.**
- Au cours de l'an 2000, des millions d'Africains infectés dans les premières années de l'épidémie ont commencé à tomber malades et 2,45 millions de personnes sont **décédées** de causes liées au VIH, par rapport à 2,3 millions en 1999.
- L'Afrique abrite près de 70% des adultes et 80% des enfants vivant avec le VIH dans le monde et a enterré les trois quarts des 20 millions et plus de personnes qui, dans le monde, sont mortes du SIDA depuis le début de l'épidémie.

taux d'infection chez la femme se produit plus tôt que chez l'homme. Cela contribue à expliquer pourquoi dans cette région on compte quelque 12 femmes vivant avec le VIH pour 10 hommes.

- Une étude récente estimait qu'en 1997, les **dépenses de santé publique** imputables au seul SIDA ont déjà dépassé 2% du produit intérieur brut (PIB) de 7 pays africains sur les 16 pays échantillonnés - un chiffre écrasant lorsqu'on sait que dans ces nations, la totalité des dépenses de santé représente 3 à 5% du PIB.

Des études d'impact économique soulignaient aussi les conséquences désastreuses de l'épidémie du sida sur les économies des pays les plus frappés. On estimait en l'an 2000, par exemple, que le PIB de l'Afrique du Sud, l'un des pays les plus touchés, perdrait 17 % de son PIB comparé à ce qu'il aurait été sans le sida, en 2010.

La situation était pire au Botswana, le plus concerné par la pandémie, où le pays perdait, sur la même durée, plus de 20 % de son PIB.

Le sida avançait à une vitesse tellement rapide dans ce pays d'Afrique australe que déjà en l'an 2000, 36 % des adultes y ont été infectés par le VIH, ce qui représentait un triplement par rapport à l'estimation onusienne dans le même pays en 1992 où le nombre de séropositifs était de 10 %.

Le sida reste aujourd'hui encore un des grands défis de l'Afrique post-guerre froide. On compte désormais 26 millions de séropositifs sur l'ensemble de la population d'Afrique australe.

Ces chiffres pour terrifiants qu'ils soient n'en sont pas moins l'expression d'une progression dans la lutte pour freiner le fléau. C'est qu'entre temps de nouvelles données ont contribué à le contenir. D'une part, la vaste distribution des antirétroviraux et une plus grande prise de conscience de la réalité du mal, y compris dans des pays comme l'Afrique du Sud où le déni était auparavant la ligne de conduite à son égard, ont entraîné une réduction du nombre de séropositifs tout en sauvant davantage de vies qui, autrement, auraient été perdues. De l'autre, revenu d'une guerre impopulaire en Irak, le Président américain, George Bush-Junior, a trouvé dans la lutte contre le sida en Afrique un prétexte pour se rattraper. D'où son programme majeur, financé à hauteur de milliards de dollars, qui a permis de sauver des millions de vies, à partir du milieu de la première décennie des années 2000.

Aujourd'hui, l'horizon semble tellement s'éclaircir que lors d'une réunion tenue à l'ONU, le 8 juin 2016, la perspective d'une victoire sur l'épidémie d'ici à 2030 n'est même plus exclue[38].

C'est au moment où ce soulagement se produit sur ce qui apparaissait comme le mal le plus délicat à résoudre sur le chemin de la reconstruction africaine que soudain le continent réalise que sa fragilité financière est plus grave qu'il ne l'imaginait.

Le surgissement d'une maladie méconnue, en dehors d'une brève période dans les années 1970, a aussitôt réveillé les peurs et idées reçues concernant le continent.

La thèse de la malédiction qui la frapperait, faisant de l'Afrique un continent jamais promis à jouer les premiers rôles durablement, reprenait du service à mesure que les rumeurs sur les nouvelles pandémies enflaient.

Et, signe des temps, l'Afrique était quasiment mise en quarantaine. Plusieurs compagnies aériennes annulaient leur vol en sa direction. À l'arrivée des vols venant d'Afrique, les passagers étaient parqués, et minutieusement passés au crible de détecteurs sanitaires pour savoir si oui ou non ils avaient les symptômes du mal qui fracassait l'image que le continent s'était échiné à rebâtir pendant des années.

Cette nouvelle pandémie transfrontalière, c'est la maladie à virus Ebola. Dans un aide-mémoire, en date de janvier 2013, l'Organisation mondiale de la Santé (OMS) campe la maladie à virus Ebola (autrefois appelée aussi fièvre hémorragique à virus Ebola) comme étant une maladie grave, souvent mortelle chez l'homme. Elle est transmise par un virus à l'homme à partir des animaux sauvages avant de se propager dans les populations par

---

[38] Source : RFI, 8 juin 2016.

transmission interhumaine. Très dangereuse, elle a un taux de létalité moyen d'environ 50% qui peut atteindre jusqu'à 90%.

Apparues pour la première fois en 1976 en Afrique centrale, les premières flambées de maladie à virus Ebola sont survenues dans des villages isolés, à proximité de forêts tropicales. Si la récente flambée en Afrique de l'Ouest a davantage frappé les imaginations c'est qu'elle a touché de grands centres urbains aussi bien que des zones rurales.

La nouvelle flambée en Afrique de l'Ouest (dont les premiers cas ont été notifiés en mars 2014) est la plus importante et la plus complexe depuis la découverte du virus. Elle a produit plus de cas et de décès que toutes les précédentes flambées réunies. Cette flambée a également comme particularité de s'être propagée d'un pays à l'autre, partant de la Guinée pour toucher la Sierra Leone et le Libéria, le Nigeria et le Mali.

Ce que la maladie Ebola a révélé c'est la précarité des systèmes de santé des pays touchés en plus de montrer combien, à l'ère de l'information rapide, combien une pandémie de cette nature pouvait avoir des effets dramatiques pour freiner les échanges commerciaux, la circulation des personnes, et même les relations diplomatiques. Ebola a entraîné des fermetures de frontières entre pays très proches diplomatiquement, comme le Sénégal (non touché) et la Guinée-Conakry.

En peu de temps, on a vu s'effondrer les systèmes de santé des trois pays les plus affectés, et là aussi, alors que les pays africains, Union africaine en tête, tardaient à se mobiliser pour définir une stratégie continentale voire régionale, c'est la communauté internationale, via l'Oms, qui a volé au secours des pays paralysés par Ebola[39]. Le choc né de la soudaine apparition de la maladie Ebola a été tel que l'avenir du continent ne peut plus se concevoir sans la mise en place de stratégies endogènes, mais aussi de moyens

[39] C'est ainsi que le 8 août 2014, le Directeur général de l'OMS a déclaré que cette flambée en Afrique de l'Ouest constituait une urgence de santé publique de portée internationale en vertu du Règlement sanitaire international (2005).

logistiques adéquats pour répondre aux défis posés par la mondialisation des questions sanitaires.

L'intensification des échanges humains et commerciaux entre pays africains, et, au-delà, leurs interactions avec d'autres régions du monde exigent qu'ils relèvent leurs plateaux de normes environnementales, sécuritaires et sanitaires. Faute de quoi, l'ambition de l'Afrique d'être une partie prenante à part entière de la mondialisation risque de rester au stade de vœux pieux sans suite… Sur la route du nouvel ordre africain se dressent en effet, bien qu'invisibles, des pandémies transfrontalières méconnues ou inconnues, surtout déstabilisatrices. De leur prise en charge effective dépend donc sa réalisation : on a vu que la santé est un secteur fort coûteux et capable d'engloutir les budgets des États, d'où la nécessité d'une coordination et d'une mise en commun des moyens budgétaires pour faire face aux défis qu'elle pose au continent dans son ensemble.

B. Ombres sur la démocratisation

Que la démocratisation politique ait été la plus puissante aspiration des peuples africains au sortir de la guerre froide indiquait à la fois leur attachement à cet idéal, mais aussi leur conviction que l'ordre nouveau, la restructuration du continent, ne pouvait se faire sans en tenir compte.

De fait, la démocratie a, dès le départ, comme la clé pour résoudre tous les problèmes que le continent traînait depuis l'aube des indépendances. S'il en a été ainsi, c'est principalement parce que la démocratie est restée un mythe pour la majorité des Africains qui en ont été sevrés par des régimes n'ayant eu de cesse de l'empêcher d'abord au nom de la construction nationale, puis au titre du soutien à la cause idéologique pendant la guerre froide. Quand le mur de Berlin s'effondre et, avec, les autocraties d'Europe de l'Est, sous les caméras des télévisions du monde entier, le sentiment qui prévaut sur le continent est celui d'un jour nouveau qui permettrait la réalisation des grandes attentes de ses peuples.

Accueilli comme une bénédiction divine, le feu démocratique a alors aussitôt traversé l'Afrique comme s'il ne faisait face qu'à des herbes sèches. Partout la démocratie était adoptée avec enthousiasme et l'espoir reprenait ses droits avec l'ouverture d'espaces de libertés longtemps fermées aux populations africaines.

Près de trente ans après cette période euphorique, à l'heure de l'évaluation du chemin accompli, la démocratisation n'a pas été la recette magique qu'elle était censée être. Bien au contraire, sur ses traces, passé le moment où ils entraient en démocratie, comme en religion, pour beaucoup de peuples, ce fut la découverte des servitudes qu'ils n'avaient presque pas voulu prendre en compte en ne se focalisant que sur les grandeurs, supposées ou réelles, du projet démocratique.

Parmi les aspects les plus délicats que la démocratie a mis en relief figurent d'un côté les limites des leaderships qu'elle a fait émerger et de l'autre les dangers sur la préservation de la souveraineté soudain fragilisée par les errements des pouvoirs issus, dans des conditions douteuses, de ces nouveaux processus démocratiques.

Dans la ferveur des luttes pour la démocratisation politique, nombreux étaient ceux qui pensaient qu'elle allait ouvrir une ère nouvelle en produisant des dirigeants de meilleure qualité capables de mieux prendre en mains les fragiles destinées du continent pour les placer sur des bases plus solides. Tous se disaient que l'échec unanimement constaté de l'Afrique au moment où se ferme la page de la guerre froide était dû à une absence de leadership visionnaire et transformationnel.

Ceux qui avaient en effet pris les rênes de ses États dès l'avènement des indépendances et tout au long des trente premières années de souverainetés retrouvées n'avaient pas été en mesure de lui offrir un meilleur sort que d'être à la remorque de puissances étrangères, ex-colonisatrices ou celles de la guerre froide. Son développement économique traînait là où d'autres régions du monde, moins nanties en ressources naturelles, trouvaient les voies du décollage, notamment en Asie, mais aussi en Amérique latine. Sa stabilité laissait à désirer avec la multiplication des coups d'État et les conflits, souvent de faible intensité, qui perturbaient toute perspective viable de développement.

Dans ces conditions, le discours tenu par les promoteurs de la démocratie et articulé autour de la bonne gouvernance, de la transparence et de la compétence en même temps que de l'intégrité des nouveaux leaders qu'il fallait désigner par le biais de processus démocratiques ouverts et compétitifs avait de quoi susciter une large adhésion populaire.

Sans surprise, le début des années 1990 marquera l'entrée de l'Afrique dans une nouvelle vague de transition démocratique. Comme le note le Professeur Babacar Guèye, *« ce processus a abouti à l'adoption, dans presque tous les pays africains, de nouvelles constitutions consacrant une démocratie dont la reconnaissance du pluralisme, de l'opposition politique ainsi que la proclamation de droits et libertés sont les traits fondamentaux »*[40]. Avant d'ajouter : *« ce renouveau démocratique est également marqué par la construction progressive de l'État de droit et l'organisation d'élections disputées débouchant sur une alternance dans plusieurs pays »*.

Avant même que les élections 'démocratiques' ne déterminent les nouveaux dirigeants bénis par le suffrage des urnes, le contexte dans lequel la guerre froide prenait fin, avec une baisse de l'aide publique au développement, l'imposition des politiques d'ajustement structurel et les grandes difficultés économiques avaient déjà créé un besoin de procéder à des 'sélections' pour mettre en première ligne de nouveaux types de gestionnaires à la barre des États44. De nombreux technocrates surgiront sur les scènes nationales africaines, avec la bénédiction des institutions financières internationales, soucieuses de voir leurs politiques être

[40] Professeur Babacar Guèye, « La démocratie en Afrique », in *Revue Pouvoirs n°129*, avril 2009, p. 5-26.

promues par des mains en qui elles avaient confiance. Il en fut ainsi d'André Milongo, au Congo-Brazzaville, qui fut placé à la tête du gouvernement sous le prétexte qu'il était bien vu par les institutions financières internationales ou, mieux encore, au Bénin, avec Nicéphore Soglo, ancien Administrateur à la Banque mondiale, comme Milongo, qui rallia les suffrages de l'électorat de son pays pour en devenir le Président parce qu'on le prenait, à tort ou à raison, pour être l'ami de l'ancien grand patron de cette dernière, Robert McNamara.

Beaucoup d'autres financiers, économistes, technocrates jouèrent un rôle important dans un contexte où la politisation excessive du débat ne pouvait qu'engendrer un climat de chaos dans la gestion des États en raison du populisme montant et des exigences dépassant les capacités des États provenant d'acteurs soudain capacités par la démocratie, mais ne comprenant pas grand-chose aux finances publiques.

Il fallait donc des gérants de celles-ci pour maintenir les écrous en place, éviter les dérapages budgétaires, assurer le bon fonctionnement des régies financières, bref de maintenir l'État face à des sociétés alors bouillonnantes politiquement. Ce fut le rôle des nouveaux administrateurs des États, ces banquiers et financiers sortis de leurs bureaux climatisés pour descendre dans l'arène somme toute politique du leadership gouvernemental.

Tout au long des années 1990, l'Afrique fut ainsi sous la coupe des technocrates, les dirigeants politiques se contentant, pour l'essentiel d'inaugurer les chrysanthèmes, pour reprendre le mot du Général de Gaulle. C'est dire que processus fondamentalement politique, la démocratie avait, à ses débuts, post-guerre froide, réussi le paradoxe de mettre sur la marge les hommes politiques, réduits à gérer la parole ou, quand ils étaient encore à la tête des États, à faire de la figuration. À partir de 1991, note Basil Davidson, *« une obscure république après une autre, essentiellement dans les pays sous extrême colonisation, francophone à cette étape, commencèrent à secouer et trembler sous les assauts de revendications populaires d'un genre ou d'un autre, parfois violemment, mais plus souvent à travers d'utiles disputes ; les conférences nationales très animées émergèrent avec des revendications pour une décision de souveraineté politique ; et telle était l'atmosphère d'attentes démocratiques – peut-être par osmose avec l'Europe de l'Est, mais beaucoup plus par bon sens endogène – que même les pires pirates au pouvoir commencèrent à trembler sur leur siège et à se retenir même, comme jamais avant, d'avoir recours à la force »*[41].

La politique confirmera son ascendant et reviendra encore plus en force depuis le début des années 2000 sur le continent. De nouvelles alternances démocratiques, avec des secousses violentes, des sociétés plus agitées, et une marche alternant le bon et le mauvais, qui peuvent expliquer la part prépondérante qu'elle joue dans la vie du continent et de ses États.

La démocratisation agitée de l'immédiate période post-guerre froide avait fait surgir du néant des leaders politiques qui ne s'étaient jamais imaginés à la tête d'États à peine cinq ans auparavant comme le Nigérien, Ousmane Mahamane, qui n'eut comme expérience que d'avoir dirigé un bureau de six personnes avant de se retrouver propulsé à la tête de son pays. Il n'en demeure pas moins que ces expériences furent décisives dans l'enracinement progressif de la démocratie en Afrique. Comme le prouvèrent son retour en Namibie avec l'indépendance acquise en mars 1990, en Afrique du Sud, avec la tenue, en avril 1994, des premières élections multiraciales, ou encore le retour des militaires dans les casernes au Nigeria consécutif au « Jour de la Démocratie »[42]. Deux autres coups de semonce viendront sceller la maturation des processus démocratiques à travers deux alternances majeures intervenues au début du XXIe siècle. L'une a lieu au Sénégal, en février 2000, avec la victoire du Parti démocratique sénégalais (PDS) d'Abdoulaye Wade sur le Parti socialiste (PS) au pouvoir depuis 40 ans. L'autre se produit en Côte d'Ivoire où

---

[41] Cf. Basil Davidson, *Le fardeau de l'homme noir, l'Afrique et la malédiction de l'État-nation*, éd. James Currey, Oxford.

[42] Décrété ainsi en hommage à la première élection démocratique qui y a été organisée de longue date, le 29 Mai 1999.

après un coup d'état intervenu en décembre 1999 contre le promoteur de la thèse xénophobe de l'ivoirité, Henri Konan-Bédié, la démocratie permit à un autre opposant de longue date, Laurent Gbagbo, d'arriver au pouvoir au détriment du Général putschiste, Robert Guei, lequel perdit la vie en tentant de renverser les résultats du scrutin de septembre 2002.

Les thèses du Consensus de Washington renforcées ajoutant aux normes de gouvernance financières celles d'ordre politique, de transparence démocratique et de consolidation des institutions politiques donnèrent une légitimation internationale à la dynamique démocratique sur le continent.

Mais au bout d'environ deux décennies d'exercice démocratique, les résultats obtenus laissent à désirer. Les alternances électorales n'ont pas forcément débouché sur un jeu politique amélioré ni sur une démocratisation plus crédible. Les néo-démocrates ont davantage prouvé leur capacité à s'adapter voire à prendre le processus démocratique pour en faire une arme en leur faveur afin de pouvoir se maintenir au pouvoir.

Ce faisant, ils ont mis les mêmes habits antidémocratiques qu'ils reprochaient à leurs prédécesseurs qui étaient les champions du parti et de la pensée uniques. Les alternances forcées par la rue, comme pendant le Printemps arabe, en Tunisie, en Égypte, et dans certains pays d'Afrique au Sud du Sahara, notamment au Burkina Faso, en octobre 2014, avec l'éviction du président Blaise Compaoré, sont aussi loin d'avoir encore généré les démocraties matures qui en étaient attendues.

Dans la plupart des cas même, le recul économique a provoqué un nouveau phénomène : le regret du temps des dictateurs, surtout ceux qu'on appelait les dirigeants développementalistes, à la manière du Singapourien, Lee Kwan-Yew. Malgré leur mauvais bilan sur le front des droits de l'homme, ils font l'objet de remords de la part des peuples africains. C'est le cas du Tunisien Zine Abidine Ben Ali. Ou encore du Sénégalais, Abdoulaye Wade, dont la chute après une période de violentes tensions, en 2012, donnait à penser que ses compatriotes en avaient définitivement assez de ses volontés monarchistes – il avait voulu se faire succéder par son fils, Karim : ce qui reste, c'est le souvenir d'un homme qui avait su diversifier les partenariats du Sénégal, attirer des investissements extérieurs, et construire des infrastructures de premier ordre, même si ces projets ont souvent été considérés trop onéreux pour être honnêtes !

Dans le cas des changements de régime dus à l'intervention étrangère, dont celle qui a fait tomber le guide Libyen Mouammar Kadhafi est le plus connu, ils n'ont pas fini de faire jaser tant il est vrai que leurs conséquences, à travers le terrorisme et l'instabilité dans les pays concernés, n'en finissent pas de faire regretter l'ère où la dictature rimait avec la stabilité, la rigueur…

On peut, à la lumière de ces différents aspects de la démocratisation sur le continent, convenir avec le Professeur Babacar Guèye que « des progrès significatifs ont certes été réalisés par de nombreux pays africains, mais des obstacles subsistent. Des élections mal préparées ou manipulées débouchent sur des violences bloquant le processus démocratique et le dialogue entre les acteurs politiques ».

En conséquence, adeptes de la présence à vie au pouvoir, plusieurs chefs d'État africains, précise-t-il, ont recours à la modification de la Constitution s'ils n'instrumentalisent pas certaines institutions (notamment l'Assemblée parlementaire), remettant ainsi en cause le principe de la séparation des pouvoirs. De même, la persistance des conflits armés et la résurgence des coups d'État dans certains pays minent la transition démocratique.

Il peut sembler prématuré de décréter l'échec de l'expérience démocratique en Afrique, mais à la lumière des comportements de ceux qui en étaient les plus fervents promoteurs, lorsqu'ils étaient dans l'opposition, comme le Sénégalais Abdoulaye Wade, l'Ivoirien Laurent Gbabgo, le Congolais Pascal Lissouba, ou les Nigérians Olusegun Obasanjo et Goodluck Jonathan, et encore le Nigérien Tanja, on peut conclure que les discours démocratiques ont été contredits par la pratique de ceux qui, sur ce créneau, en sont arrivés à gouverner des États africains.

Même la nouvelle vague de dirigeants, comme le Sénégalais Macky Sall, n'échappent pas à ce réquisitoire. Tous apparaissent comme des prédateurs-en-chef, sans aucun sens de l'État ni de l'intérêt général, pris à la gorge qu'ils sont par des intérêts économiques et sociétal des plus bizarres qui en font des gadgets manipulables à souhait, par des forces souvent interlopes, locales et internationales !

On en arrive du coup à regretter le temps où des dirigeants sans grande prétention, sans même de formation très poussée, mais vrais patriotes, ont conduit la lutte pour l'indépendance nationale et mis les pays africains sur les sentiers de leur souveraineté retrouvée. Avec le recul, nombreux sont les Africains qui pensent que ce fut-là un âge d'or, quand de simples instituteurs ou médecins traditionnels étaient à la barre des États, malgré certains de leurs excès, comme ce fut les cas pour Houphouët-Boigny, le Guinéen Sékou Touré, le Nigérien Hamani Diori, ou, plus tard, le Gabonais Omar Bongo.

Seul ou presque le Sénégalais Léopold Sédar Senghor, premier président de son pays, de 1960 à 1980, était, dans leur lot, un produit de l'intelligentsia universitaire en sa qualité de premier Agrégé en Grammaire française du continent.

Le temps de ces dirigeants de haute facture est révolu, mais qui ne garde en mémoire leur renommée qu'ils ne doivent qu'à leur capacité à diriger avec efficacité, parfois au milieu des pires difficultés, de jeunes États. Même si leur autoritarisme leur a porté préjudice, ils tranchent avec leurs successeurs que la démocratisation politique a fait émerger. Personne n'en doute en effet : alors qu'elle avait pu produire des dirigeants ayant imprimé une marque décisive à ce jour sur son évolution, l'Afrique d'aujourd'hui traverse l'une des crises de leadership les plus pointues de son existence.

Les rapaces, partenaires extérieurs et prédateurs internes, qui l'encerclent, attirés par ses ressources naturelles et son potentiel de développement, ne peuvent que s'en donner à cœur joie…

Section 3. Le risque d'une recolonisation « consentie »

Un patriotisme sourcilleux chevillé au corps et une détermination méthodique pour arracher l'indépendance des mains des puissances coloniales avaient fait des premiers dirigeants africains des héros, mais l'absence de grands médias de communication de masse, à l'époque, n'avait pas permis de faire connaître leurs exploits dans la lutte pour redonner à l'Afrique un plus grand contrôle sur son destin.

Ceux qui sont maintenant à sa tête dans les différents pays qui ont accédé à l'indépendance depuis lors n'ont pas encore imprimé leurs marques dans la marche du continent. Rien n'y a fait : ni la multiplication des médias classiques, ni l'irruption des médias sociaux ni même l'entrée de l'Afrique dans ce que l'on appelle, au plan mondial, la révolution de l'information. On peut scruter l'horizon à perte de vue sans trouver de dirigeants qui sauraient rivaliser avec les icônes africaines des trente premières années d'indépendance dont le souvenir est parfois assombri par le fait qu'elles ont été les contemporains de certains des plus lugubres dirigeants nés sur le sol africain, à l'image de l'Ougandais Idi Amin Dada, du Centrafricain, Jean-Bedel Bokassa ou de l'Équato-guinéen, Macias Nguéma. Ce qui nous amène à nous pencher sur les limites du patriotisme des dirigeants africains dans un contexte pourtant marqué par la possibilité d'une remontée géo-économique en Afrique.

A. Le patriotisme des dirigeants en question

Qui oserait douter que, en faisant montre d'un patriotisme déterminé, les Senghor, Houphouët-Boigny, Ahidjo, Kenyatta-Pére, Kaunda, Nyerere, Neto ou encore Boganda ont été les leaders ayant tracé la voie à l'indépendance de leurs pays respectifs, le Sénégal, la Côte d'Ivoire, le Cameroun, le Kenya, la Zambie, la Tanzanie, l'Angola et la Centrafrique ! Leur étoile scintille encore au firmament de l'histoire africaine alors que depuis la fin de la guerre froide, il est quasiment impossible de pointer du doigt un leader politique ayant transformé qualitativement la marche de son pays ni fait la différence en termes de leadership sur les grands enjeux communautaires africains, comme le firent le ghanéen Kwame Nkrumah, le libérien Tubman ou le Marocain Mohamed 5.

Des leaders comme Abdoulaye Wade, Abdel Aziz Bouteflika, Olusegun Obasanjo et Thabo Mbeki, respectivement présidents du Sénégal, de l'Algérie, du Nigeria et de l'Afrique du Sud, auraient pu entrer dans l'histoire en raison de leurs initiatives lancées au début du XXIe siècle pour la renaissance du continent et sa prise en charge de son destin de manière plus responsable. Tous ont hélas tentés de s'accrocher au pouvoir même quand des limitations de mandats s'y opposaient, ou, dans le cas de Mbeki, ont perdu le contact avec le commun de ses compatriotes en menant une activité politique marquée au coin de l'intellectualisme.

Seul, à vrai dire, un Nelson Mandela, plus connu pour sa lutte contre l'apartheid que la qualité de sa gouvernance de l'Afrique du Sud, dont il fut le président de 1994 à 1999, dégage une aura qui reste encore puissante sur la scène politique continentale pour lui permettre de s'inscrire dans la lignée des grands dirigeants de naguère.

Ce qui s'observe en pire, c'est que presque partout le leadership des États africains laisse aujourd'hui à désirer et rares sont les leaders en place qui ne sont pas, pour l'essentiel, dans une logique de prédation et d'enrichissement personnel, familial ou partisan, qui jure d'avec leurs engagements électoraux. Le constat qui se fait de plus en plus c'est le net décalage entre le discours pour capter l'électorat et la pratique d'un pouvoir souvent prédateur. Les promesses d'un leadership clairvoyant, et crédible, mais surtout axées sur le respect d'une gouvernance économique et politique, transparente, ouverte et rigoureuse, au service de l'intérêt général, semblent s'évanouir, au fil du temps.

Ce qu'on découvre, ce sont plutôt des dirigeants dont beaucoup ont fini par transformer leurs bureaux présidentiels en espaces où l'on ne rencontre que des partisans politiques, des hommes d'affaires, en quête de contrats publics, généralement obtenus sur la base de commissions versées en retour. C'est ainsi que les lieux institutionnels les plus augustes sont devenus dans beaucoup de pays les espaces les plus recherchés, squattés, par des personnages les plus sulfureux qui soient, lesquels sont sûrs d'y être accueillis à bras ouverts, dès l'instant qu'ils sont porteurs de projets comprenant une part de commissions à se partager.

Désormais, le risque est la perspective d'une Afrique s'engageant de son propre gré, par la volonté régalienne de ses dirigeants élus, dans une ère de recolonisation consentie[43].

Des activistes sortis de nulle-part sont aussi venus sur le continent où, avec des vétilles, ils ont fait signer des accords commerciaux qui aliénaient les ressources naturelles de certains pays. Ce fut le cas avec l'Israélien Steinmetz, attributaire de la mine de fer de Simandou, l'une des plus riches au monde, qu'il n'eut aucune peine à placer sur la bourse minière de Toronto – en empochant près de 1,5 milliards de dollars, pour la vente de 50 % de la mine, là où sa mise totale ne lui avait coûté qu'environ 200 millions de dollars.

De l'Indien Lakshmi Mittal au sulfureux Roumain, Frank Timis, l'un et l'autre attributaires de mines et de ressources en hydrocarbures entre le Sénégal, la Sierra Leone et le Liberia, les exemples sont nombreux qui prouvent combien les dirigeants africains actuels ont perdu le sens de la retenue de leurs prédécesseurs pour se lancer dans des aventures commerciales dont la conséquence, déjà imaginable, est de placer leurs pays dans de dangereux contrats qui les priveront demain de leur souveraineté.

À l'arrivée, la liste est maintenant longue des cas de prise de contrôle des pays africains via des nouveaux types de contrats post-coloniaux, mal négociés par des bureaucrates africains souvent

---

[43] Il suffit de voir avec quelle légèreté ils signent des accords, notamment de défense, comme l'a fait le Président sénégalais, avant même de prêter serment, avec l'ancienne puissance coloniale française, en avril 2012.

trompés dans des négociations où leur expertise a été prise en défaut, ce qui finit par donner un accès légal aux néo-colons, les anciens et les nouveaux, à maintenir nombre d'États africains dans une dépendance vis-à-vis de leurs maîtres revenus par la force des contrats légaux.

La gravité de la situation qui se crée par les contraintes juridiques est plus sérieuse que celle née des premières interactions de l'Afrique avec les forces extérieures qui l'ont exploitée pendant des siècles.

Dans le passé, malgré les impacts négatifs causés par l'esclavage et le colonialisme, une certaine souveraineté était préservée. Désormais, devenues plus vicieuses les nouvelles puissances lancées à la reconquête de l'Afrique savent qu'il est plus efficace de faire signer des contrats que d'envoyer une soldatesque ou même d'avoir une présence physique dans ses États.

Quid de la firme française spécialisée dans le pétrole et le gaz, Total, qui non contente d'avoir pris pied à travers les pays du continent riche en hydrocarbures se paie le luxe d'être le sponsor de la principale compétition sportive africaine, la Coupe d'Afrique des nations de football ; ce qui la place dans une position encore plus avantageuse pour 'dealer' avec les dirigeants africains. Même dans le domaine de l'enseignement du pétrole et du gaz, les français s'activent qui gèrent l'Association pour le développement de l'Énergie en Afrique. Dans ce domaine, comme dans celui de la banque d'investissements, ils comptent même sur leurs relais dans les institutions financières internationales où la voix de leur pays compte pour faire main-basse sur les contrats disponibles en Afrique.

La recolonisation rampante de l'Afrique se poursuit à travers tous ces dialogues stratégiques dans lesquels le continent, sans y être préparé, se trouve impliqué. Comme avec les Chinois, plus cyniques et imprévisibles en affaires, qui ne semblent pas traduire dans les faits leurs discours mielleux autour du concept de coopération gagnant-gagnant : là où leurs dirigeants étatiques au plus haut niveau le professent lors des rencontres sino-africaines, les entreprises chinoises, elles, sont sans pitié. Elles viennent, si l'on ose dire, faire du blé en piétinant tous les principes de décence.

L'Afrique s'en trouve grandement perdante quand on sait l'importance des échanges commerciaux entre elle et la Chine : plus de 300 milliards de dollars selon les chiffres euphoriques que produisent les Chinois. En plus du comportement presque sauvage, d'un capitalisme abject et irrespectueux de toutes les normes environnementales, sociales ou contractuelles, les firmes chinoises entraînent l'Afrique dans un dangereux cycle d'endettement surtout sur des projets qui, dans maints cas, ne sont pas de la meilleure qualité.

En réalité, France et Chine semblent être les pires prédatrices dans leurs relations avec l'Afrique, mais on peut pareillement souligner que sur leurs pas arrivent d'autres acteurs dont le seul souci est de tirer profit de la propension des dirigeants africains à s'enrichir à tout prix, quitte à brader leurs patrimoines nationaux. Turquie, Inde, Brésil, Espagne, pour ne citer que les plus visibles, ont ainsi compris à quel point l'Afrique post-guerre était devenue fragile et poreuse aux discours enivrants sans réaliser à quel point ses conséquences sont négatives pour son avenir.

Remettre sur le tapis les termes de la coopération entre l'Afrique et ses nouveaux courtisans, véritables loups recouverts d'une laine de mouton, ne pourra se faire que par un sursaut continental et national. Il s'agit de revisiter les beaux discours sur la coopération avec l'Afrique qu'opérateurs privés et étatiques, y compris les institutions du système des Nations unies via leur encombrants auto-intéressés objectifs de développement, déversent sur elle pour se maintenir à la barre de son destin.

Exiger une relation adulte et vraie qui respecte authentiquement ses intérêts au lieu de l'enfumer pour mieux l'exploiter : tel est le piège dont l'Afrique doit se sortir !

C'est assurément là où les dirigeants de l'Union africaine se doivent de mobiliser les capacités africaines pour définir les bases de la négociation que l'Afrique doit imposer à ses partenaires. Il y a clairement là un espace à occuper pour engager la redéfinition des relations entre l'Afrique et le reste du monde, dans une réorientation rendue impérative par les réalités du monde post-guerre froide. C'est, à l'évidence, une mission qui pourrait être remplie par de nouveaux dirigeants à la tête d'États ayant comme la Namibie, Maurice ou le Botswana, des normes de gouvernance éthique de première classe.

C'est une mission urgentissime car la recolonisation du continent est en marche, à pas feutrés, sous le regard coupable et impassible des élites continentales. Qu'on ne vienne surtout pas nier ce qui est une vérité seulement invisible pour les adeptes de la politique de l'autruche : est-ce peut-être parce qu'ils ne réalisent pas que les modes de colonisation ont, comme un monde devenu virtuel, transmué ? D'un clic, à distance, d'une signature de contrat, les plus futés savent qu'ils peuvent tout obtenir désormais sans grand risque. Surtout que leurs acolytes se recrutent maintenant au sein même des pouvoirs d'État disposés aux pires compromissions en échange des pacotilles d'aujourd'hui : hier, les alliés des colons prenaient des perles et autres alcools de pauvre qualité ; les billets de banque sur des comptes off-shore ont pris le relais !

Le résultat est le même : à l'arrivée, les souverainetés africaines passent entre d'autres mains.

B. Les signes d'une remontée géo-économique

Paradoxe des paradoxes : au moment où elle fait face à des vautours, en même temps qu'une cour assidue de la part d'acteurs venant de divers endroits de la planète, au risque de compromettre sa souveraineté, l'Afrique tient pourtant entre ses mains les chances de sa montée en puissance géo-économique. C'est en cela que son ordre post-guerre froide n'a pas fini de se mettre en place.

À première vue, ses mauvais résultats économiques récents qu'un seul chiffre suffit à souligner, à savoir son taux de croissance de 1,6 %, pourraient laisser penser qu'elle est vouée à rester dans les eaux boueuses d'une crise toujours relancée. Comment ne pas adhérer à une perception pessimiste de son destin quand on sait combien son reflux économique actuel loin des chiffres positifs, les meilleurs dans le monde, est comme venu rappeler la fragilité de son état économique ? Comme si une malédiction la poursuivait toujours prompte à renverser ses avancées positives.

Pourtant, une observation plus fine de ses potentialités offrirait un tableau plus exact de ses perspectives. En fait, une projection sur le moyen et long terme autoriserait même à conclure que depuis si longtemps, depuis son indépendance, et même depuis qu'elle interagit avec d'autres acteurs extérieurs, étatiques ou non-étatiques, jamais situation ne lui a été plus favorable, potentiellement, que celle qu'elle vit aujourd'hui.

Ne soyons pas naïfs : les conditions difficiles de ses économies, les crises politiques dans ses États membres et l'atonie de l'économie mondiale combinée à la pression sur les prix de ses matières premières vont encore peser sur son avenir, du moins sur le court terme, et constituent des raisons suffisamment fortes pour ne pas verser dans un excès d'optimisme concernant l'Afrique.

Mais un regard plus affiné sur le moyen et long terme prouverait que derrière les nuages qui sont sur son ciel de nombreuses zones d'éclaircies sont perceptibles qui augurent d'un climat plus favorable pour acter la remontée économique du continent.

Parce qu'elle a besoin d'infrastructures de toutes sortes, qu'elle dispose des ressources naturelles les plus importantes qui soient, qu'elle peut s'appuyer sur les atouts démographiques représentés par une population jeune, et qu'elle est une terre propice aux investissements extérieurs, on peut affirmer, sans risque, que l'avenir de l'Afrique est positif pour peu que les mesures qui s'imposent soient prises pour s'assurer que dans l'ordre international qui se met en place elle ne soit pas traitée comme quantité négligeable ni zone taillable et exploitable à merci.

Redéfinir les conditions de son interaction avec le reste du monde, améliorer sa gouvernance intérieure et protéger sa souveraineté sont les fondements qui assureront la viabilité de la remontée en puissance du continent… Ce qui passe bien sûr par un rejet de la tentation qui concentre l'attention sur les troubles africains au lieu de mettre le curseur sur les gammes plus positives qu'elle recèle en elle.

Un soleil africain perce derrière les nuages : tout est question de lui permettre de conforter sa puissance pour mieux faire voir cette Afrique en devenir, si souvent victime d'un jugement à l'emporte-pièce qui la ravale à un statut d'éternelle perdante loin d'être sa vraie vocation. Son jour approche !

CHAPITRE 2

Réveil africain ou espace de compétition ?

« *Continent oublié au XX*e *siècle, l'Afrique est projetée au XXI*e *siècle vers une nouvelle centralité* »[44], ne craignent pas d'écrire Jean-Michel Severino et Olivier Ray, dans un ouvrage intitulé *Le Temps de l'Afrique.*

Les belles perspectives de la nouvelle Afrique en gestation qu'ils y détaillent ne peuvent échapper à celui qui scrute attentivement le ciel africain. Les couleurs gaies qui s'en dégagent témoignent que les zones d'ombres persistantes n'en sont qu'une image passagère dans la mesure où elles ne semblent refléter que le souvenir d'un passé encore pesant sur sa marche. Demain est déjà dans son présent : la centralité de l'Afrique, thèse qui ne fait plus rire sous cape, est son avenir ; elle balaie le statut de périphérie que les théoriciens de la dépendance lui ont longtemps collé.

L'afro-pessimisme n'est plus le trait de caractère le plus accolé à son nom : le temps de l'afro-euphorie a même sonné dans les cercles où se meuvent ceux qui la brocardaient le plus dans un passé encore récent.

Le retournement de situation est spectaculaire, qui a pris de court le monde entier, à commencer par les Africains eux-mêmes.

Les symptômes du réveil de l'Afrique s'expriment d'abord par le regain d'intérêt et la compétition qu'elle suscite désormais de tous les

---

[44] Jean-Michel Severino et Olivier Ray, dans l'ouvrage intitulé : *Le Temps de l'Afrique.*

coins du monde. Ceux qui ont l'histoire en mémoire établissent un parallèle avec la ruée dont elle avait fait l'objet au XIXe siècle quand son partage entre puissances européennes à l'étroit dans leurs États-nations fut décidée à la Conférence de Berlin.

Ce que l'on peut dire de l'actuel réveil africain, qui fait ressembler le continuer à une ruche assaillie d'abeilles, c'est qu'il est porté par des fondamentaux qui donnent à croire qu'il peut, pour peu, être une tendance lourde, durable. Universitaires, *think-tanks*, décideurs politiques, industriels, hommes d'affaires, ou simples curieux, voire touristes y adhèrent. Comme le prouvent les segments des sociétés dans le monde qui cherchent à se rapprocher ou à connaître ce continent qu'ils appréhendaient pourtant il n'y a guère longtemps quand son nom rimait avec maladies dangereuses, conflits civils, instabilité politique ou marasme économique.

Bien évidemment toute analyse de la situation du continent après la fin de la guerre froide mérite, pour être crédible, de faire le départ entre les moments d'euphorie et ceux de doutes qui rythment son évolution depuis lors.

Délaissé aussitôt après la guerre froide, parce que ne représentant plus d'intérêt géostratégique, pensait-on, le continent ne semblait avoir pour destin que d'être entre les mains des humanitaires, ces groupements interlopes venus ici pour panser ses plaies encore béantes, l'aider à faire face à ses urgentes illimitées et lui redonner un semblant de stabilité.

Au-dessus des humanitaires et des États, les institutions financières internationales prenaient le contrôle de la plupart des pays africains dont la souveraineté se trouvait ainsi réduite à sa plus simple expression. Tout au long des années 1990, il en fut presque ainsi quand l'ensemble de l'Afrique vivait une diète économique et financière rendue impérative par l'imposition des politiques d'ajustement structurel malgré les résultats médiocres qu'elle produisait. Nous évoquerons dans un premier temps la difficile marche du continent vers l'espoir (section 1), ensuite, la place de l'Afrique dans un désordre mondial (section 2).

SECTION 1. LA DIFFICILE MARCHE VERS L'ESPOIR

Les années 2000 furent celles de l'extase et de la course vers ce que progressivement on commençait çà et là à considérer comme un nouvel eldorado surtout à partir du milieu de cette décennie-là. La Chine avait ouvert le bal en montrant son appétit pour les matières premières africaines, avant que d'autres pays du Sud, notamment l'Inde et le Brésil, ne se lancent dans la mêlée. Les pays européens suivirent et, depuis peu, les États-Unis d'Amérique et la Turquie.

Comment faire pour avoir une partie de ce qui ressemblait à un énorme gâteau africain, était la question qui taraudait les esprits des diplomates, décideurs politiques et hommes d'affaires soudain conscients de ce qu'un grand jeu était sur le point de se jouer sur le continent.

Les grands cabinets de réflexion stratégiques s'empressèrent d'y ajouter leur propre touche, en sortant une série d'analyses sur l'État de l'Afrique, toutes aussi enthousiastes les unes les autres.

La couverture médiatique d'un continent que l'on ne présentait dans le passé qu'au travers de ses malheurs s'en trouva pareillement changée : il n'était plus question que de cette Afrique nouvelle, montante, espoir du monde.

Dans l'euphorie de ces moments on avait oublié que toutes les dispositions n'avaient pas été prises pour la prémunir des facteurs, toujours présents, qui pouvaient à tout instant remettre en cause la dynamique vertueuse qui était alors la sienne.

C'est donc surpris et pris de court que ceux qui voyaient l'Afrique avec des lunettes roses se virent obligés de noter la brutale décélération des économies africaines due à des chocs exogènes dont les plus puissants sont la baisse des prix des matières premières et le tassement de la demande de la Chine, premier partenaire commercial du continent.

Il peut être tentant à la lumière de ces mouvements erratiques, de ces yoyos, de ne plus être emporté par les embellies africaines ou, du moins, de les prendre avec des pincettes compte tenu de la nature cyclique des ressources qui les portent. Il n'en demeure pas moins que malgré les revers qui continuent d'être sur sa route, le temps de l'Afrique est bel et bien à l'ordre du jour. Même si pour l'ancrer le développement qu'il lui faut réaliser se devra d'intégrer les populations africaines toujours appauvries et premières victimes de ce qui, à ce jour, n'a été qu'une croissance sans développement. C'est ce que l'on appelle ces temps-ci le développement durable : non seulement une croissance économique, mais un développement dont bénéficient la majorité des populations tout en tenant compte des critères les meilleurs pour l'utilisation idoine des ressources naturelles, humaines et la préservation de l'environnement africain. *« L'Afrique entreprend son décollage à l'heure où l'humanité découvre la finitude de la planète »*[45].

Comme eux, nombreux sont les analystes du continent qui lui prédisent un sort différent de celui ayant été le sien pendant longtemps. Certains pensent que l'heure de son réveil a sonné alors que d'autres affirment qu'il lui faudra d'abord se sortir à son avantage de l'espace de compétition, de cette nouvelle ruée, qu'il est devenu pour de multiples acteurs extérieurs et intérieurs. Mais, cette croissance n'est pas suivie du développement tant souhaité (A) et a tendance à définir une nouvelle frontière du développement (B).

A. Une croissance sans développement

La plus grande question que l'Afrique a suscitée depuis la fin de la guerre froide, surtout dans les moments où son économie a été portée par un vent favorable, est celle de savoir pourquoi elle n'a jamais suscité un grand enthousiasme collectif. Seuls, au plus, quelques dirigeants étatiques, les institutions financières internationales et les groupes de réflexions ou non-gouvernementaux, soucieux de justifier a posteriori leur action en ont fait des gorges chaudes. Ils ont été les plus bruyants pour saluer le réveil africain, le revendiquer en tentant aussi d'en donner les indices.

---

[45] Cf. *Le Temps de l'Afrique*, éd. Odile Jacob, p. 269.

C'est la vieille école de la nomenklatura, celle des hiérarques de tous bords, qui a entonné le chant du renouveau africain dès que les premiers signes le montrant sont apparus. Ce qui les réunit en chœur c'est la conviction que le nouveau statut de l'Afrique devait se lire à travers les chiffres tonitruants que ses statistiques révélaient année après année à mesure que le nouveau siècle dévoilait ses couleurs.

Plusieurs facteurs ont agi à l'avantage du continent : remontée des cours de ses matières premières ; effacement d'une grande partie de ses dettes à travers des programmes approuvés par les institutions multilatérales de financement et par les grands pays développés pour réduire la pauvreté et réduire l'étranglement des économies africaines ; et gestion macroéconomique améliorée.

En conséquence de ces développements positifs, on a commencé à noter une vigoureuse progression de beaucoup d'économies nationales sur le continent comme l'attestent des taux de croissance que l'on croyait impossibles en Afrique. Certains pays ont connu des taux de près de 20 % : en Angola et en Sierra Léone notamment, deux pays sortis de guerres civiles à partir de 2002 et dont les ressources naturelles ont été les grands leviers de leur éclaircie économique.

La moyenne générale des taux de croissance enregistrés sur l'ensemble de l'Afrique oscillait même entre 6 et 7 %.

C'était le moment où les théoriciens de la renaissance africaine, dont le principal concepteur fut l'ancien Président Sud-africain, Thabo Mbeki, n'eurent de cesse d'affirmer que le continent était sur la rampe de son décollage.

C'est qu'en dehors de l'Asie qui alignait des taux de croissance similaires aux siens, l'Afrique damait le pion aux autres régions du monde, surtout à l'Europe engluée dans un gel de sa croissance aux alentours d'1,5 % alors que l'Amérique, en dehors du Canada, vivotait sans même réaliser qu'elle s'acheminait vers sa plus grande crise financière depuis celle des années 1930.

Le débat sur la croissance n'est pas une question nouvelle. Depuis la nuit des temps, des économistes de renom, surtout spécialisés sur les questions de développement, ont montré que la croissance ne suffisait pas pour faire le développement.

Ce dernier est plus holistique que la croissance en ce que, Michael Todaro et Stephen Smith, estiment qu'en termes « strictement économiques, le développement a traditionnellement signifié la capacité d'une économie nationale, dont les conditions initiales ont été plus ou moins statiques pour une longue période, de générer et de soutenir une augmentation annuelle de son revenu national brut (PNB) à des taux de 5 à 7 % ou plus ».

Ces auteurs et d'autres sont arrivés au fil des années à se poser la question de savoir pourquoi les niveaux de vie des masses populaires étaient restés inchangés quand plusieurs pays en développement avaient atteint un taux de croissance économique élevé dans les années 1950 et 1960. Cela, pensèrent-ils, prouvaient que la définition étroite du développement ne tenait plus, ou qu'elle n'était pas complète. En conséquence, nombre d'entre eux et des décideurs politiques estimèrent nécessaire d'engager une *« attaque plus frontale contre la pauvreté absolue de masse, les distributions inéquitables des revenus, et la montée du chômage »*[46].

Le diagnostic sur la question du développement ne s'applique nulle part avec autant de vigueur, de pertinence, qu'en Afrique au Sud-du Sahara.

Car ici plus qu'ailleurs les statistiques mirobolantes, les taux de croissance étourdissants, le fétichisme des chiffres, en un mot, ont sans doute été les plus trompeurs. Pendant des années, quand le continent a commencé à aligner des taux de croissance de plus de 5 %, le discours le concernant a changé. On ne parlait plus que de l'Afrique… émergente, selon un concept soudainement entré dans le vocabulaire continental comme un principe directeur pour définir sa marche vers le progrès, voire le développement.

On avait oublié que par le passé la croissance n'avait pas été une réponse à la résolution des questions déterminantes du

---

[46] Cf. Michael Todaro, Stephen Smith, *Le Développement Economique,* 10e édition, Addison Wesley, p. 15.

développement : la distribution équitable des revenus, la lutte contre la pauvreté et la réduction du chômage.

Ce phénomène s'observe partout à travers le continent africain où la magie des chiffres a depuis longtemps cessé d'opérer aux yeux de la grande majorité des populations locales qui en sont même arrivées à répondre de façon lapidaire à ceux qui leur prédisent une vie meilleure du fait des taux de croissance que l'Afrique a connus ces dernières années, avant leur tassement. « La croissance, disaient-elles, ne se mange pas ! ».

Le décalage entre le discours euphorique sur les taux de croissance, quand ils étaient à leur meilleur niveau, tenu le plus souvent par les dirigeants des États et par les partenaires techniques et financiers, tous tentant d'en revendiquer la paternité, et le vécu difficile des populations qui n'ont pas toujours vu se traduire dans les faits, dans leur quotidien, les chiffres mirobolants qui sortent des ordinateurs formatés pour les produire, est la réalité de l'Afrique.

Source de frustration, la persistance de la pauvreté et du chômage, pour ne citer que les symptômes les plus criards de la croissance sans développement expliquent la situation paradoxale de l'Afrique depuis la fin de la guerre froide.

Certes, sans croissance il est difficilement envisageable de réaliser le développement dans ses pays, mais la formulation d'un ordre africain qui n'intègre pas le sort des populations n'est vouée qu'à être une illusion sans lendemain.

Cette situation précaire qui frappe les populations africaines a une incidence directe sur la sécurité humaine dans la mesure où appauvries, sans moyen pour répondre à leurs besoins prioritaires pour se nourrir, se vêtir, travailler, pour encore se protéger, les populations africaines continuent d'être fragiles et exposées à tous les risques. Elles n'en sont pas les seules victimes. Car si le développement ne dépasse pas la case croissance pour rejaillir sur elles, ce sont, à l'arrivée, les pays eux-mêmes qui sont voués à en payer le prix. Il n'est que de voir comment les groupuscules terroristes ou les pandémies mouvantes parviennent à faire des populations démunies leurs premières cibles avant d'aller à l'assaut du reste des sociétés africaines.

Ne pas créer les conditions d'un développement équitable, inclusif et centré sur les grands défis déterminant le bien-être des populations, c'est dès lors maintenir le rêve d'un développement insaisissable parce qu'engagé sur des bases erronées ! C'est aussi et surtout rendre impossible toute véritable avancée dans l'ambition de l'Afrique de se faire un place de choix dans l'ordre international en cours sur la scène mondiale.

La vérité est qu'aujourd'hui le continent africain dégage l'image d'une région déséquilibrée, où la classe moyenne s'est effondrée du fait de l'assaut de multiples forces négatives au service d'une infime minorité, la seule à bénéficier des retombées de la croissance économique.

Il en résulte partout à travers les pays africains des inégalités criardes entre un très faible pourcentage, généralement moins de 5 % de la population, qui capte les ressources financières, terriennes et politiques des pays tandis qu'en plus de la classe moyenne progressivement laminée il ne reste qu'un vaste lumpenprolétariat, armée de pauvres déshérités, qui finissent par être le vivier des maux susceptibles de dérailler tout processus de développement viable et durable !

B. La nouvelle frontière du développement

> « Un continent qui avait été snobé ou ignoré sauf par les plus endurants investisseurs globaux jusqu'à une date récente est désormais en train d'être perçu comme une nouvelle frontière excitante. »[47]

Quand le mythe du développement africain deviendra réalité est la grande question que pose la quête d'un ordre africain nouveau depuis la fin de la guerre froide pour enfin placer le

---

[47] *Business in Africa, Corporate Insights*, compiled by Dianna Games, éd. Penguin, 251 p.

continent en bonne place dans la marche des affaires du monde. La tentation est de rester prudent voire pessimiste concernant son sort puisque tant de fois le décollage africain n'a été qu'une illusion d'optique. Espoirs déçus et désillusions l'ont accompagné depuis toujours. En douter devient alors un doute compréhensible. Combien de fois n'a-t-on pas pensé que la percée africaine allait enfin se matérialiser pour découvrir que ce n'était qu'un rêve.

C'est ainsi qu'elle ne devint pas l'évolution structurante et durable au moment des indépendances au début des années 1960 que l'on avait à un moment donné espéré. Elle rivalisait alors avec les pays asiatiques, eux aussi nouvellement revenus à la souveraineté internationale, et dont certains commençaient déjà à connaître un destin fabuleux. Il n'en fut rien. Puis, après les premières années de la guerre froide, après qu'elle réussit le tour de force de surmonter sa marginalisation géopolitique, nul ne s'imaginait qu'elle s'arrêterait en si bon chemin surtout qu'elle avait en même temps réalisé d'importantes réformes macroéconomiques pour ses États.

Là aussi, les fruits ne tinrent pas la promesse des fleurs. On connaît la suite : aujourd'hui l'Afrique se retrouve, à nouveau, plongée dans une crise économique profonde sans même que ses dirigeants semblent en prendre conscience pendant que les populations les plus pauvres la vivent de plein fouet, sans rêver de voir le bout du tunnel dans un court terme.

Envisager dès lors, dans un contexte de ralentissement de la plupart de ses grandes économies nationales, qu'il puisse y avoir l'aube d'une nouvelle Afrique qui la repositionnerait sur la scène mondiale peut ressembler à un profond vœu pieu.

Pourtant, malgré ses multiples défis, ses lacunes ou les forces de rupture voire de contrôle qui agissent sur elle, jamais contexte n'a été aussi légitime pour qu'elle revendique le statut que beaucoup, y compris les plus sévères à son endroit, lui collent. La sagesse populaire, elle aussi, voit en elle la nouvelle frontière du développement. « *Quiconque a un tant soit peu de sens de l'économie sait que l'Afrique est le continent du futur* »[48], n'hésite pas à écrire Victor Kgomoeswana. Et de poursuivre : « *Toute entreprise qui rêve d'une croissance durable et d'un retour sur investissement solide sait que le plus grand risque n'est pas d'être en Afrique, mais de ne pas y être* ».

Le puissant narratif sur l'Afrique, nouvelle frontière du développement, n'est donc pas une formule de saison ou à l'emporte-pièce. Il épouse la trame du discours sur le continent que ses plus grands observateurs, ayant l'avantage de la distance dans certains cas, n'ont pas hésité à adopter pour le décrire et pour faire sa projection dans le XXIe siècle.

Quel organisme sérieux de réflexion géopolitique, quel centre de recherches en relations internationales, quel grand journal, quel universitaire de renom, spécialisé sur les questions économiques, ou encore quelle grande institution de développement, de la Banque mondiale au FMI, des cabinets *McKinsey* au *Boston Group*, de titres *The Economist* au *Financial Times*, n'a pas cru devoir à un moment-donné, se joindre au chœur des théoriciens du réveil africain ? Même si certains, notamment le *Financial Times*, en tenant compte de la crise induite par la baisse des cours des matières premières ont revisité, à la baisse, leur optimisme, le sentiment, toujours dominant, c'est que, pour peu qu'elle mette de l'ordre dans ses affaires, comme on dit trivialement, l'Afrique est bel et bien partie pour revendiquer le statut de nouvelle frontière du développement.

Une telle histoire ne lui est pas propre. Même si toutes les régions du monde rêvent d'en vivre l'expérience, c'est surtout un imaginaire qui renvoie aux heures de gloire de la construction américaine lorsque les pères fondateurs de la nation la plus puissante du monde réalisèrent, il y a maintenant trois siècles, qu'il leur fallait aller toujours plus loin dans la conquête des vastes espaces inexplorés de leur pays en poussant les limites de leur

---

48 Victor Kgomoeswana, *L'Afrique est prête pour le Business : Dix ans de titres transformateurs*, éd. McMillan, 300 p.

imagination et créativité, pour les transformer en nouvelles frontières du développement.

C'est dans cette logique que les chemins de fer traversant de part en part des distances de dimension continentales furent construits pour ouvrir à partir de la côte Est des États-Unis la côte Ouest alors vaste étendue sauvage, mais aux immenses richesses jusqu'alors fermées à l'activité humaine. Ouvrir des espaces fermés a, par la suite, toujours été le projet de ceux qui partent, comme aux États-Unis, à l'assaut de frontières géographiques vierges.

Que l'Afrique soit désormais perçue comme une frontière du développement, la dernière, n'étonne personne car là où les autres régions du monde ont subi en profondeur les effets d'une présence humaine active, l'Afrique, elle, pour diverses raisons, est demeurée largement inexplorée.

Il suffit de la parcourir pour s'en rendre compte. C'est le continent qui dispose notamment du plus faible réseau d'infrastructures routières, ferroviaires ou aériennes. À la différence de l'Europe, de l'Asie ou encore plus de l'Amérique, voire de l'Amérique latine, se déplacer d'un pays à l'autre de ce continent reste un insoluble casse-tête chinois. Les construire, doter l'Afrique d'infrastructures sanitaires, scolaires, sportives, culturelles, ou construire les fondements structurels pour son développement politique, économique, social : il y a là un vaste chantier qui s'étend à perte de vue rendant oisifs les immenses potentiels qui sont à sa disposition.

Tout est à faire sur le continent, se plaisent à dire ceux, nombreux, que tente le projet de se lancer à sa conquête. Les plus audacieux, certains diront les plus cyniques, sont les chinois, qui, depuis des années, à la suite de leurs dirigeants politiques, ont fait de l'Afrique leur destination privilégiée à la conquête de ce qu'ils considèrent comme un marché sans limites. Là où d'autres ne perçoivent que les lacunes et obstacles explicatifs de la stagnation du continent, eux, et des entrepreneurs plus avisés, voient l'immense opportunité que l'Afrique est. Construction de pylônes ou de centrales électriques, de stations d'épuration, de buildings administratifs, de centres de formation professionnelle, de logements sociaux, d'hôpitaux, d'usines, d'hôtels, et tant d'autres infrastructures s'offrent à l'investisseur sur un marché africain où la demande excède de très loin l'offre actuelle.

Ne pas savoir traduire les besoins en possibilités, c'est rater la chance de se positionner sur le marché le plus porteur pour quiconque sait en dénicher le potentiel. Autrement dit, se concentrer sur ses points faibles pour s'en détourner, c'est ne pas comprendre la dynamique de l'histoire, c'est surtout ne pas voir, ce que les anglophones appellent « *The Big Picture* », ce tableau, grandeur nature, qui est largement en faveur des perspectives positives du continent.

En se focalisant sur ce tableau on peut alors s'écarter de la vision apocalyptique que dégage l'image de « continent noir » que depuis fort longtemps on lui colle. Cette idée, née des élucubrations des Européens, a pris racine parce que l'Afrique était le dernier des continents à être ouvert à la curiosité du monde[49].

Seulement, les temps ont changé. En y regardant de plus près maintenant, on réalise que l'Afrique est potentiellement, si l'on ose dire, le continent-lumière, tant le champ des possibles pour l'éclairer, l'éduquer, l'ouvrir, bref le bâtir est vaste. Obligé de partir loin de la frontière du développement, toute avancée qui s'y réalise constitue un grand pas en avant et se traduit dans la vie quotidienne de populations de plus en plus exigeantes du fait de l'ouverture politique et démocratique induite par la fin de la gestion verticale des pouvoirs d'État.

« Même avec les revers que connaissent certains pays – comme le Sud-Soudan et ceux affectés par le Printemps arabe (ce mouvement de protestation populaire pour l'instauration de la démocratie lancé il y a cinq ans), la stabilité politique et la gouvernance s'améliorent à travers le continent », précise Victor Kgomoeswana. Qui ajoute : *« Le milliard d'Africains ne représentent encore que 15 % de la*

[49] Cf. Roland Oliver et And J.D. Fage : *Une courte histoire de l'Afrique*, éd. Penguin, 311 p.

population mondiale (ils seront 2,4 milliards en 2050 selon les estimations des Nations-Unies) sur un continent dont la superficie compte pour 20 % de la surface terrestre ; nos minéraux et ressources peuvent dépasser celles de tout autre continent. »[50]

À l'évidence, la nouvelle ère qui s'ouvre pour l'Afrique ne pourra être appréciée à sa juste valeur que plus tard, lorsque les tendances à l'œuvre auront produit leurs effets en profondeur sur son état. Déjà, en plus de ces ressources naturelles, les observateurs les plus pointus constatent que les leçons et échecs du passé sont pris en compte dans la structuration des politiques économiques et sociales dans ses différents pays.

C'est en cela que, retenant les renversements de situations induits souvent par la volatilité des prix des matières premières, la diversification est devenue, pour beaucoup d'entre eux, une des nouvelles stratégies économiques très prisées. Plusieurs secteurs se développent comme l'agriculture qui est relancée non seulement parce que l'Union africaine a proposé de lui consacrer 10 % des PIB des États africains, mais en raison de ce qu'elle est devenue une grappe de progression économique tout en assurant l'un des besoins prioritaires, primaires, à travers le continent. Les services, surtout la téléphonie mobile qui a attiré de gros investissements, font aussi des merveilles.

Au même moment, pour servir une classe moyenne en formation, des industries légères se positionnent dans les pays du continent : biens de consommation, technologie, immobilier, éducation, industrie des médias, et d'autres activités donnent de l'Afrique l'image d'une ruche bourdonnante. De nouveaux marchés régionaux émergents constituant des pôles de développement, des élites africaines puissamment formées dans les meilleures écoles hors du continent ou en son sein se bousculent sur le marché de l'emploi pressées d'offrir une expertise de pointe avec un patriotisme qui n'a d'égal que leur envie de laisser une

---

[50] Victor Kgomoeswana, *L'Afrique est prête pour le Business : Dix ans de titres transformateurs*, éd. McMillan, 300 p. Op. cit. p. 168.

marque à la postérité. Enfin, parce que les nouveaux moyens de communication, accessibles et immédiats dans la livraison de l'information imposent leur rythme aux décideurs publics, le temps de la transparence et de la redevabilité est en passe de prendre le dessus sur le laisser-aller et l'arrogance dans la mal-gouvernance des États et de leurs biens…

S'il manquait un signe pour confirmer la place de l'Afrique dans la nouvelle architecture de l'économie mondiale, on pourrait le trouver dans l'intérêt que lui portent de grandes structures aussi bien publiques que privées.

Il en est ainsi des institutions financières internationales plus déterminées que jamais à jouer la carte du continent, quitte même à s'en faire l'intermédiaire avec les autres opérateurs du marché international.

Les célèbres Clubs de Paris et surtout de Londres en ont aussi fait leur partenaire de choix notamment en se montrant prodigues à son égard par la réduction voire l'annulation des dettes publiques ou privées asphyxiantes. Pourquoi ne pas citer les multitudes de multinationales qui accourent à chacun des Groupes consultatifs convoqués autour du sort de l'un quelconque des pays du continent, même ceux qui sont toujours plongés dans des guerres ou instabilités politiques : ils savent que rater ces rendez-vous, c'est se faire distancer dans la course économique qui se joue sur le continent. On ne compte non plus pas les grandes universités qui intègrent l'Afrique dans leurs enseignements alors qu'il y a quelques années certaines d'entre-elles envisageaient de la mettre hors de leurs priorités.

De la même manière, soucieux de développer la sécurité sur le continent, beaucoup de grands pays, Chine et États-Unis en tête, tentent d'y déployer des bases militaires logistiques afin, à l'évidence, de déblayer le terrain pour le positionnement économique de leurs entreprises publiques ou privées. Même le célèbre groupe de réflexion sur les questions sécuritaires, la conférence de Munich sur la Sécurité (MSC), a tenu à organiser pour la première fois de son histoire sa première réunion en

Afrique de son groupe central (*Core Group*), en avril 2016, en marge du Forum de Tana, lequel se tient une fois par an sur les berges du Lac Tana à une heure de vol d'Addis-Abeba, en vue de discuter des enjeux sécuritaires africains les plus saillants.

Enfin, comment ne pas relever le rapport centré sur l'énergie africaine que l'Agence Internationale pour l'Énergie (AIE) lui a consacré en octobre 2014. Ce rapport est le meilleur indicateur des perspectives qui légitiment la posture optimiste sur le continent. Dans sa note de synthèse, il est indiqué que l'Afrique au Sud-du-Sahara est riche en ressources énergétiques, mais pauvre en fourniture d'énergie.

Malgré sa part importante dans la démographie mondiale, le continent ne représente que 4 % de la demande en énergie. « Beaucoup de gouvernements prennent en charge maintenant les obstacles politiques et de régulation qui bloquent l'afflux des investissements dans la fourniture d'énergie domestique », relève le rapport, avant de mettre l'accent sur les déficiences en termes d'infrastructures qui pèsent sur son électrification en plus d'empêcher son développement économique et social. Les immenses potentialités du continent en énergie renouvelables sont un autre indicateur, s'il en fallait un de plus, de la vitalité qui attend l'Afrique au tournant. Ne sommes-nous pas à un moment où la planète, à la suite des recommandations des différentes conférences des parties sur le Climat, s'embarque sur la voie d'une transition énergétique vers davantage d'énergie vertes et durables ? L'ordre africain du XXIe siècle tient là les fondements de sa crédibilité.

SECTION 2. L'AFRIQUE DANS UN DÉSORDRE MONDIAL

La genèse de l'ère post-guerre froide avait révélé un monde de certitudes, dont la plus célèbre fut l'annonce de la fin de l'histoire décrétée par Francis Fukuyama mais aussi celle que portait la démocratisation politique dont on attendait partout dans le monde, à commencer par l'Afrique, qu'elle déclenchât le mouvement salvateur pour le redressement d'États et régions du monde longtemps empêchés de réaliser leurs potentialités du fait des pesanteurs idéologiques que la rivalité Est-Ouest leur avait imposées.

Très rapidement, le nouveau monde toujours en gestation prouve sa complexité. Plus personne n'ose s'aventurer sur des diagnostics lapidaires, définitifs. Rien que les hauts et bas ayant marqué l'évolution des différentes parties du monde suffit à le prouver : comment ne pas constater le hiatus entre l'Europe euphorique de l'Après adoption du Traité de Maastricht en 1992 destiné à approfondir l'intégration du Vieux continent et les blues qu'elle vit au lendemain de la réussite en juin 2016, des Brexiters, adeptes d'une sortie de la Grande-Bretagne du projet communautaire européen ?

On peut souligner parmi les régions du monde qui subissent les effets de la crise économique et sociale planétaire l'expérience actuelle de l'Amérique dont la puissance toujours solide n'en fait plus cependant l'hyperpuissance mondiale qu'elle était devenue, selon la définition d'Hubert Védrine, au sortir de la guerre froide. Depuis lors, la pire crise financière de récente date entre 2007 et 2009 a montré ses limites pendant que son autre face, plus fermée, se révèle au monde comme l'attestent les discours de ses hommes politiques ces temps-ci. Xénophobe, liberticide et tentée par l'isolationniste qu'elle est en passe d'être malgré les efforts de son premier Président noir, Barack Obama, qui a essayé, sans grand succès, de la maintenir engagée dans le monde, il n'est pas impossible qu'elle se recroqueville derrière les deux Océans qui lui servent de principales frontières, en dehors de celle, aussi quasiment fermée avec le Mexique, et l'autre, sous haute surveillance, avec un Canada par trop complaisant au goût de la toujours puritaine Amérique. On peut gager que Donald Trump, à coup sûr, et, probablement, Hillary Clinton, les deux candidats à l'élection présidentielle du 8 novembre 2016, remportée par le premier, se partagent paradoxalement le même souci de réaliser le repli, dans une nouvelle forme d'isolationnisme, de leur pays !

Peuvent-ils ignorer l'Afrique ? Le nouveau président des USA ne peut pas fermer les yeux sur un continent qui est l'épicentre de la compétition pour le contrôle du XXIe siècle. Aucun autre leader hors d'Afrique ne s'y risquerait sauf à être myope quant aux dynamiques en cours sur cette nouvelle terre de tous les espoirs…

C'est la raison pour laquelle la Chine entend y maintenir son emprise. Son ambivalence entre une ouverture sur les marchés pour en tirer profit et une résistance à respecter la transparence qu'ils exigent participe du même grand écart.

Elle peut relever du bon sens quand on s'évertue à comprendre pourquoi, elle aussi, traverse une passe plus dure que celle qu'elle a connue quand ses taux de croissance insolents, au-dessus de 10 % l'an, étonnaient le monde, il y a encore une décennie. La réorientation de sa politique économique, non plus vers le tout export, pour développer le secteur des services, corriger les déséquilibres entre les régions Est et Nord du pays plus développées et celles de l'Ouest surtout, nageant elles dans une crasse pauvreté, est un autre signe de son retour sur terre. Sans compter le pragmatisme, teinté de réalisme, de son actuel Président, Xi Jinping : son grand souci est d'assurer à son pays contre les dangers que sa dépendance sur les marchés extérieurs (pour y vendre les produits chinois et en importer des matières premières) lui pose. C'est le sens de son grand projet de reconstruction de la route de la soie qui emprunterait à la fois les voies terrestres de l'Asie centrale et les routes maritimes dans le but de sécuriser ses exportations et surtout ses importations de ressources naturelles sans lesquelles son progrès économique est voué à un arrêt… cardiaque.

Dans ce contexte d'un malaise d'ensemble, dans les régions hier choyées par le progrès économique, on peut avoir une autre perspective en ce qui concerne l'Afrique.

Comme ailleurs, ici aussi les grandes certitudes méritent d'être revisitées à l'aune de la nuance. À l'aube de l'ère post-guerre froide, on avait cru que la démocratisation était le sésame pour le développement du continent. Puis les plus sceptiques l'avaient décrété région sans espoir. Avant que le début du XXIe siècle ne signale son réveil aussitôt suivi par un nouveau contre-choc.

Désormais, quiconque parle de l'Afrique se doit d'être prudent. Même si sur le long terme ses perspectives demeurent largement positives pour peu que les efforts idoines soient faits en particulier par les Africains eux-mêmes dans le sens d'une formulation de sa posture sur la scène internationale présente et future autant qu'à travers la consolidation des bases vitales du développement interne de ses 54 États…

Devenue la nouvelle frontière du développement, l'Afrique dispose des atouts les plus importants pour enfin se faire une place au soleil. Gare cependant aux risques qui pourraient demain obstruer son ciel bleu-azur.

Certains sont devenus de pressants défis. On peut en citer la montée d'un endettement public dû à des facteurs corruptogènes, sans analyse appropriée avant leur engagement ni d'évaluation adéquate de leur productivité sur le long terme. Les comportements des prédateurs, propulsés à des postes de commandement décisifs du fait d'une démocratisation prise en otage, sont encore plus toxiques. Sans compter les risques induits par la propension des dirigeants et élites, mais aussi des populations du continent à faire leur *benchmarking* sur la base des orientations définies par des organisations extérieures : *Human-Rights Watch*, *Amnesty International*, *Revenue-Watch*, les agences de notation, *Transparency international*, et les organismes internationaux de tous poils ou encore les groupes de réflexion autoproclamés spécialistes de l'Afrique finissent par imposer leur agenda à un continent où la paresse intellectuelle, en l'absence d'une offre endogène pour orienter sa marche, a fini de leur ouvrir toutes les portes pour décider de ce qui doit être son destin, sa marche et ses normes. On observe un nouvel ordonnancement des relations internationales pendant que des interrogations naissent relativement à l'identité des États africains.

La question est celle de savoir qui en profite ?

A. Un nouvel ordonnancement des relations internationales

On avait, à la suite d'Ahmadou Kourouma, l'écrivain Ivoirien, accueilli à grands cris de joie les soleils des indépendances africaines avant que les premiers errements notés dans la marche balbutiante de l'Afrique dans les années 1960 ne pousse l'agronome René Dumont à tirer la sonnette d'alarme dans son livre qui est, depuis, entré dans la postérité : l'Afrique noire est mal partie.

Pendant toute la période qui a suivi la fin de la guerre froide, l'Afrique n'était qu'un pion dans l'ordre international, plus sujet qu'acteur d'enjeux géopolitiques dont la portée la dépassait.

Or voilà qu'avec l'extinction des rivalités Est-Ouest un nouveau jour plein d'espoirs se présente à nouveau pour elle.

Même si la crainte d'être larguée était ressentie avec anxiété dans plusieurs cercles de décision, avec comme conséquence la réduction de l'aide publique au développement, les perspectives ouvertes par la fin de la guerre froide ont été pour elle l'occasion de hisser les couleurs africaines depuis lors.

Son nouveau poids politique n'a pas tardé à l'imposer sur la scène internationale car moins d'un an après la chute du mur de Berlin, l'invasion du Koweït par l'Irak de Saddam Hussein, le 2 août 1990, allait déclencher la première guerre multinationale post-guerre froide. Pour la mener, en dépit de son statut d'unique hyperpuissance alors sur la planète, les États-Unis réalisèrent qu'il leur fallait la bénédiction du Conseil de Sécurité de l'ONU, notamment celle de ses membres non-permanents, au nombre d'une dizaine dont trois originaires d'Afrique.

On vit alors la diplomatie américaine, qui avait déserté l'Afrique, y revenir dare-dare pour courtiser les pays africains qui y siégeaient, mais aussi le Mali alors assumant la présidence en exercice de l'ex-OUA.

La nécessité de former une vaste coalition pour lancer l'opération 'Tempête du Désert' afin de bouter les troupes Irakiennes hors du Koweït contraignit Washington à mettre la pédale douce sur les normes démocratiques libérales et de bonne gouvernance dont elle s'était faite le promoteur.

Dès ce moment, on sentit que les voix de l'Afrique à l'ONU allait avoir un impact sérieux dans la prise de décision surtout lorsqu'il s'agira d'engager une guerre au nom de l'instance universelle.

On peut même penser que la cour assidue que les États-Unis firent aux pays africains membres non permanents du Conseil de Sécurité a pu donner le déclic à une prise de conscience qui a poussé les pays africains à envisager une stratégie continentale pour faire entendre leurs voix avec plus de cohérence.

C'est dans cette logique que l'année suivante, en 1991, alors que les derniers assauts de la rébellion contre son régime signaient les dernières heures de Mengistu Hailé-Mariam à la tête de l'Éthiopie, l'OUA s'empressa de délocaliser son sommet de juin de cette année-là dans la toute nouvelle capitale fédérale du Nigeria, Abuja. Sur place, en plus d'adopter le projet de création d'une Communauté Économique africaine (CEA), les dirigeants africains exprimèrent leur souhait de voir un ressortissant du continent occuper pour la première fois le poste de Secrétaire-Général de l'ONU[51].

Prenant goût à la cour qui lui était faite, mais voyant son image requinquée par la présence de deux africains successivement à la tête de l'ONU, l'Afrique ne se priva pas d'être l'une des voix les plus fortes dans la revendication pour un ré-ordonnancement des relations au sein du Conseil Sécurité, instance suprême de l'ONU, qui, aux yeux de la vaste majorité des États, ne reflétait plus l'ordre international post-guerre froide totalement différente de celui qui avait justifié sa mise en place en 1945.

---

[51] En novembre 1991, le poste revint au vice-ministre égyptien des Affaires étrangères, feu Boutros-Boutros Ghali, avant que dans la même logique d'un combat africain, son éviction du fait de l'opposition de Washington à sa réélection n'empêcha pas un autre africain de lui succéder en la personne de Kofi Annan, en novembre 1996.

Ce qui avait encore plus fait rendre compte à l'Afrique de son rôle à l'ONU, c'était d'une part la compétition que se livraient sur son sol, à partir du début des années 1990, la Chine continentale de Pékin et celle, qu'elle considère comme une province rebelle, de Taïwan. Certes, grâce aux votes africains, la grande Chine avait retrouvé son siège d'unique représentant de la Chine à l'ONU dès le 25 octobre 1971 au détriment des Taïwanais… Mais aussitôt après ses réformes économiques intérieures l'avaient fait s'éloigner du continent où Taïwan commença sa diplomatie dite du chéquier d'autant plus efficace qu'au fil des ans les pays africains embourbés dans une guerre froide ayant hypothéqué leurs marges de progression économique s'étaient retrouvés à sa fin dans des conditions budgétaires fort étriquées.

Le silence de la communauté internationale au moment où le génocide Rwandais se produisait précédé par le début des faillites étatiques post-guerre froide, d'abord en Somalie, allait donner une raison supplémentaire à l'Afrique d'exiger que son sort fut mieux traité qu'il ne l'avait été dans les centres de décision planétaires. D'autant plus qu'à la différence du désintérêt qui lui était appliqué, l'Administration Clinton se montrait très entreprenante pour tenter de trouver une solution dans le conflit du Moyen-Orient, en réunissant Itzhak Rabin et Yasser Arafat, dans d'ultimes négociations à Camp David ou en mobilisant l'Otan autour de la crise des Balkans, notamment à travers les négociations dites de Dayton.

Petit à petit, la voix et les préoccupations de l'Afrique se firent entendre plus clairement à mesure que le monde s'acheminait vers la fin du XXe siècle : c'est elle qui joua le rôle prépondérant pour la création de la Cour Pénale Iinternationale en 1998 après avoir aidé à la mise en place d'un Tribunal pénal pour le Rwanda afin de juger les auteurs présumés coupables dans le génocide de 1994, ce tribunal ad hoc étant modelé sur celui du Tribunal Pénal international sur l'ex-Yougoslavie.

Les ambitions africaines dans l'ordre international en formation s'affirmèrent pour une autre raison. Après avoir vu certaines de ses organisations régionales, comme la CEDEAO au Libéria, et l'OUA, à travers ses résolutions du Caire de 1993, prendre à bras le corps la nécessité de maintenir la paix sur le continent, les pays africaines réalisèrent qu'il était du devoir de l'ONU, de son Conseil de sécurité, de prendre le leadership sur cette question en ne se dérobant pas de son devoir pour laisser des organisations africaines, limités financièrement et en termes de logistiques militaires, le faire à sa place.

Sans doute parce que l'ONU était hantée par son absence de réaction dans la crise du Rwanda, et parce que les africains étaient devenus plus exigeants, l'ère post-guerre froide a progressivement débouché sur une implication de la communauté internationale dans les opérations de maintien, de construction et de soutien de la paix sur un continent où, désormais, on trouve le plus grand nombre de ce type d'opérations dans le monde sous la bannière onusienne[52].

Par la suite, le retour en force de la grande Chine continentale revigorée par ses exploits économiques rendit encore plus belles les couleurs de l'Afrique : le monde entier commença à lui faire une cour plus assidue pour des raisons liées à ses ressources naturelles, mais aussi à son potentiel économique, désormais reconnu.

C'est dans cette logique que les représentants du continent furent régulièrement invités aux Sommets des pays industrialisés et que des mesures de réduction de ses dettes furent prises pour lui donner une bouffée d'oxygène, mais davantage pour s'y positionner.

Même si l'Union africaine, le Nepad et l'Afrique du Sud ont été également intégrés aux discussions du G20 qui a été établi comme instance plus adéquat, représentatif, de discussions des questions économiques en réponse à la crise financière de 2007, la

---

[52] L'Afrique est le continent où est déployé le plus grand nombre d'Opérations de Maintien de la Paix sous l'égide de l'Onu.
www.un.org/fr/peacekeeping/oprations

réalité est que l'Afrique continue d'être à la marge des centres de décision de l'ordre international.

Ce qui le confirme c'est qu'à ce jour la revendication africaine pour l'obtention de deux à trois sièges permanents au Conseil de sécurité de l'ONU, malgré une stratégie africaine décidée à travers le consensus d'Ezulwini[53], au Swaziland, n'a pas encore été traduite dans les faits.

S'il n'est plus considéré comme un continent sans espoir, sans avoir encore confirmé ses promesses d'être celui montant dans le monde, ne faisant plus l'objet de jugements de valeur définitifs, son statut dans l'ordre international n'a pas fait bouger sensiblement les lignes. En réalité, à ce jour, l'Afrique se rend compte que les tenants de l'ordre international post-deuxième guerre mondiale bâti à Bretton Woods et à San Francisco où Fmi, Banque mondiale et ONU virent le jour ne sont pas prêts à faire de la place aux acteurs du tiers-monde, comme l'Afrique, ayant toutes les raisons d'en revendiquer un nouveau.

B. États-nations ou fédéralisme, quelle identité africaine ?

« Unis, nous vaincrons » Kwame Nkrumah.

Après le chaos vient l'ordre, dit-on souvent. En analysant l'évolution du continent africain depuis la fin de la guerre froide, l'absence d'un continuum en termes d'approches ou de construction conceptuelle pour définir la direction de sa marche.

L'Afrique est à la croisée des chemins et se doit cette fois-ci de ne pas rater ce rendez-vous essentiel avec son destin.

On avait cru naïvement avec la fin de la guerre froide que la démocratisation et la pluralité des idées, désormais adoptés par tous ou presque ses États, allaient lui tracer la voie du renouveau et lui donner l'élément discriminant pour son marketing sur une

[53] Se rapporte à une réunion organisée en 2005, dans cette ville du Swaziland, par l'Union africaine pour définir la position africaine sur les réformes au sein du Conseil de Sécurité de l'ONU.

scène internationale encombrée par les soudaines retrouvailles de tous les États qui était, auparavant, divisés sur une ligne de partage idéologique.

Les acquis sont réels en ce sens que des débats sont nés de nouvelles visions et stratégies nationales, régionales et continentales qui fixent le cap à atteindre.

La première leçon à retenir dans la formulation d'un ordre africain c'est d'abord la nécessité de redonner sa place à la culture, aux arts, à la musique, à la peinture, au cinéma, à la mode, à la religion, aux films africains, bref à la vie.

La vie africaine qui est vibrante est le meilleur substrat qui prouve que même malgré les agrégats macroéconomiques négatifs, malgré les conflits, malgré les querelles politiques, jamais l'Afrique n'a été un continent de désespoir. Cette vie sociale, cette solidarité, ce sens du partage, ce refus de l'abandon, du doute, de l'angoisse existentielle, et cette créativité dans tous les métiers de la culture et de l'art sont les indicateurs de la permanence d'un ordre africain fondé sur l'âme africaine. C'est cela qui a permis au continent de traverser les douleurs et les assauts extérieurs, de transcender esclavage et colonialisme, de résister aux autocraties civiles et militaires, de vivre stoïquement les ajustements structurels ou encore de garder le sourire quelles qu'aient pu être les circonstances.

Remettre ces valeurs intangibles, ce capital social, qui lui est propre, au cœur de son projet de positionnement marketing dans l'ordre mondial est pour l'Afrique le secret qu'il doit célébrer en tout temps – pour se distinguer à son avantage de la compétition.

Parce qu'elle a eu tendance à oublier sa vie, sa culture, son héritage et son âme, elle ne pouvait être qu'un radeau en pleine mer, survivant grâce à la réminiscence des passagers africains portés par une mémoire de leur culture restée dans leur subconscient à tout moment, y compris pendant les tempêtes les plus fortes…

L'ordre africain post-guerre froide, surtout depuis l'avènement du nouveau siècle, n'aura alors de sens que s'il prend en charge l'impératif de préserver cette diversité culturelle et ces réalités africaines sans lesquelles tout ce qui sera bâti le serait sur du sable mouvant.

Redécouvrir les origines africaines, son patrimoine culturel et historique, est une chose, mais une autre est de comprendre qu'à l'heure de la mondialisation, l'avenir de l'Afrique ne sera pas totalement différent de celui d'autres pays. Nous sommes à l'ère où les savoirs, surtout les meilleures pratiques, se transfèrent à une vitesse vertigineuse ; et apprendre des autres devient pour le continent la garantie d'une progression vers son Graal en gardant son identité endogène, mais la renforçant avec les meilleures pratiques disponibles sous d'autres cieux.

Penser l'identité africaine dans ces conditions, c'est réfléchir aux voies et moyens d'importer ce qu'il y a de mieux dans le monde tout en s'appuyant sur le levier africain trempé dans son substrat socio-culturel.

La question est alors de savoir si l'Afrique se doit de construire son identité autour de ses États-nations, faire sa propre construction communautaire via la réalisation de son intégration économique et politique ou si elle doit se consumer dans la mondialisation qui s'offre à elle.

SECTION 3. L'IMPÉRATIF DE L'INTÉGRATION AFRICAINE

Le choix de l'intégration, qui s'impose à tous, semble a priori être le plus facile. On peut, de ce point de vue, en remplaçant le mot Américains par Africains dans cette définition qu'en donne l'éditorialiste Martin Wolf[54] du *Financial Times* mettre en relief ce

[54] Selon Martin Wolf, « *Qui peut penser que le bien-être des Américains s'améliorerait si leur économie était fragmentée entre les 50 États de leur pays, chacun avec des barrières obstructives au mouvement des biens, services, capitaux et personnes des autres États ? Qui peut supposer que les Américains seraient en meilleur état si chaque État avait son propre marché de capitaux, ou GE, Microsoft et IBM ne pouvait opérer que dans l'un seul de ces États ? Dans des États désunis, de ce type, sans*

que l'Afrique peut en tirer. Selon cette même logique, il est évident que l'Afrique gagnerait énormément en mutualisant les forces de ses États pour mitiger leurs faiblesses.

Depuis la nuit des temps, l'intégration africaine est au cœur des rêves africains. C'est un élément essentiel de tout ordre à bâtir sur le continent. Avant même les indépendances, des figures du panafricanisme en ont porté le flambeau l'image de Cheikh Anta Diop, W. E. Dubois, James Garvey, et plus tard des figures de proue du nationalisme africain, telles que Kwame Nkrumah, Mohamed 5, Ahmed Sekou Touré, en avaient fait leur cheval de bataille. Il a fallu à peine trois ans après la grande vague des indépendances, en 1960, pour voir naître le 25 mai 1963, l'Organisation de l'Unité africaine (OUA) dans une ferveur continentale qui est restée dans les annales d'histoire africaine.

Malgré cela, l'intégration africaine n'a pas encore été réalisée essentiellement en raison des legs linguistiques, monétaires, militaires et politiques coloniaux qui ont tenu séparés les pays africains.

L'existence de l'OUA, unique organisation politique continentale en son temps, avait certes contribué à harmoniser les positions politiques du continent et à mener ses batailles les plus décisives pour mettre fin aux derniers réduits coloniaux et à l'apartheid en plus d'être la voix de l'Afrique sur la scène mondiale. Mais elle avait gelé les États-nations dans leur cadre géographique en imposant le respect de l'intangibilité des frontières héritées de la colonisation comme l'un des principes directeurs dans les relations interétatiques. Les États africains devraient parler d'une seule voix et agir pour relancer les processus d'intégration.

---

investissement direct inter-États, marchés de capitaux ou commerce, le déclin des conditions de vie serait précipité », in *Why Globalization works*, éd. Yale, p. 3.

A. Forger le consensus sur une puissante cause

Le besoin d'intégration est cependant resté un rêve puissant des peuples africains en dépit de la tendance des dirigeants qui, en dehors des pétitions de principes sur la question, ont préféré garder leur zones de souveraineté – peu importe la fragilité de ces dernières !

La guerre froide avait mis en sourdine les ambitions des pays africains de surmonter les clivages idéologiques.

Les tentatives d'intégration régionale, sur le modèle de la CEDEAO, devinrent les détours pour les transcender en tentant de renforcer la coopération au sein des pays africains. Essentiellement axées sur les questions économiques, les communautés économiques régionales (RECs), comme on les appelle maintenant n'ont pas pu aller en profondeur sur la voie de l'intégration. Si bien qu'après la guerre froide, ce chantier était resté à réaliser à la fin de la guerre froide.

Ce fut le premier, au plan continental, que les dirigeants africains tentèrent avec la création à Abuja de la Communauté économique africaine, en 1991.

Près de trente ans plus tard, consécutivement au constat de décès de cette dernière pour inaction de ses États membres, la réalisation d'une intégration africaine n'a pas dépassé le stade de grands discours.

L'Union africaine qui l'a reprise depuis 2002 est largement restée une coquille vide. À la veille de son 27e sommet, tenu en juillet 2016, à Kigali, Rwanda, sa léthargie, symbole d'une panne aiguë du panafricanisme, était le diagnostic le plus partagé la concernant. Ses États membres sont paralysés par une crise suffocante, avec des économies en chute libre ou dominées par des acteurs étrangers privant les peuples de revenus désormais transférés ailleurs, notamment vers des paradis fiscaux. Sa classe moyenne, prise entre le marteau de ce lumpenprolétariat et l'enclume d'une classe de leaders-dealers, spoliateurs des biens publics et complices d'une recolonisation consentie, a rejoint la classe des déshérités. Ses ressources publiques, naturelles en particulier, sont légalement capturées par des forces extérieures, avec l'aide d'une néo-bourgeoisie *compradore* (née de sa position d'intermédiaire avec les puissances étrangères).

Les défis du terrorisme, des trafics de drogue et d'argent s'ajoutent aussi à un tableau qui s'assombrit de jour en jour. Sans compter le fanatisme religieux, les pandémies transfrontalières, les élections volées et les constitutions violées, la démocratie chahutée, l'absence des services de base. Ce cocktail est suffisamment lourd pour donner le coup de grâce aux ultimes espoirs que l'Afrique projetait, il y a à peine dix ans.

Et ce n'est pas tout. Puisque ses dettes reviennent au galop, les investisseurs la fuient, comme les touristes, tandis que de nouvelles menaces sécuritaires détruisent son attractivité. En outre, dépassées par les incidences de l'individualisme induit par l'avènement des technologies modernes de communication, les sociétés locales ne retrouvent plus les équilibres qui faisaient naguère de l'Afrique une terre de relative harmonie, malgré la pauvreté matérielle de ses peuples.

Dans ce climat d'urgences généralisées, les Sommets de l'UA, comme les rencontres des autres institutions africaines, tranchent par leur vacuité. Cela se passe quand l'histoire somme le continent de se montrer à la hauteur de ce tournant critique de son évolution.

L'Union africaine se ressaisira-t-elle pour renverser la situation. Entre les mains de sa présidente Nkosazana Dlamini-Zuma, l'ex-épouse d'un chef d'État d'Afrique du Sud, elle risque de n'être plus qu'un Titanic institutionnel en puissance. Avançant au milieu de dangereux récifs, face à une puissante houle, son sort ne semble même pas préoccuper les dirigeants du continent : sur le ponton du Titanic, ils sablent le champagne pendant que les Africains-Américains se font massacrer, que les immigrants africains vivent un calvaire, s'ils ne meurent dans des odyssées maritimes pour rejoindre d'autres horizons et que les peuples et pays africains retombent sous le joug de puissances interlopes.

Signe des temps : seuls des candidats « insignifiants » se bousculent pour la succession de la présidente sortante de la Commission de l'UA (avec ses dames de compagnie, son folklore et ses paillettes). On a dû reporter l'élection pour sa succession ! Et pour cause : qui veut en vérité diriger une institution sans bilan ? Sa déconfiture s'exprime par ses manques de réalisations en infrastructures physiques, en avancées dans les luttes contre les pandémies et dans la défense de la souveraineté africaine. Et elle arrive encore moins à contenir les menaces à la paix. Elle est absente sur les grands enjeux : ni diversification des économies ; ni monnaie africaine ; ni leadership continental. Son budget n'est pas assuré. Son siège est financé par la Chine. Les peuples la méprisent.

Elle n'est plus qu'un instrument de marketing d'autocrates. Il ne faut dès lors pas être surpris que le Titanic UA soit plus proche que jamais de faire le pas vers le naufrage qui guette cette institution de premier ordre si elle ne se ressaisit pas ! Ceux qui avaient rêvé l'unité africaine, au point de créer des mécanismes institutionnels pour la porter, doivent se retourner dans leurs tombes. Ces pères fondateurs de l'Organisation de l'unité africaine (OUA), l'ancêtre de l'UA, ne s'imaginaient pas qu'ils allaient avoir de médiocres successeurs. Leur rêve est devenu un insoutenable cauchemar. Et pourtant derrière le désarroi pointe un espoir possible, le temps d'une renaissance réaliste et durable...

B. Crédibiliser les processus d'intégration

Même si le régionalisme économique traverse une période de scepticisme née des blocages à la réalisation des objectifs du commerce multilatéral sous l'égide de l'OMC dont les négociations piétinent et que le principal exemple d'intégration économique, celle de l'Europe, vient de recevoir un sérieux coup avec le vote des électeurs britanniques pour en sortir, force est de constater que l'Afrique ne peut à ce stade suivre les tendances vers la régression du régionalisme. L'émiettement des États africains, la complémentarité de leurs économies et la nécessité de créer une entité africaine apte à jouer à la hauteur des autres régions du monde ayant pris de l'avance sur divers plans, voilà autant de raisons non exhaustives qui expliquent pourquoi la relance des processus d'intégration reste une priorité incontournable.

En d'autres termes, sauver l'UA pour relancer le rêve de l'intégration est le défi de tout ordre africain dans un contexte mondial marqué par la montée des xénophobies, la crise du régionalisme et le reflux du néolibéralisme.

Trois étapes devront être franchies pour y parvenir.

- Il incombe d'abord de redonner plus de crédibilité aux États-nations en les rendant plus efficaces dans la gestion des économies et dans la promotion d'un développement égalitaire et équitable. Sans des États ayant le soutien des peuples, sans leur amélioration au plan économique, on peut d'avance penser que l'intégration au niveau continental restera qu'un projet chimérique entre des entités dont la crédibilité laisse à désirer.
- Ensuite, il s'agit de consolider les communautés régionales, socles de toute entreprise continentale au nom du respect de la subsidiarité pour être efficace dans la mise en œuvre des stratégies et actions indispensables pour réaliser la paix, la sécurité, le développement voire l'intégration des politiques au plan régional.
- Enfin, la réussite de l'intégration régionale africaine exige la réalisation d'importants projets structurants pour offrir aux populations africaines une idée précise des retombées positives de l'unité africaine.

Les plus optimistes pensent que l'Agenda 2063, pour célébrer avec des résultats concrets le centenaire de la création de l'OUA, va dans ce sens, comme y participe l'identification d'un Programme d'infrastructures pour le développement africain (PIDA).

On peut penser que ce n'est pas la qualité des approches proposées qui fait défaut à l'Afrique si on sait que toutes ou presque, malgré quelques lacunes, ont été généralement acceptées par les partenaires techniques et financiers, politiques aussi, du continent. Le PIDA qui est la dernière en date s'appuie sur la nécessité pour l'Afrique de se tourner vers des financements innovants pour combler son déficit pour mobiliser en internes suffisamment de ressources financières pour ses besoins en développement. C'est dans ce cadre que les Partenariats Publics Privés (PPP) ont gagné en importance partout à travers le continent. Ces financements en PPP ont dépassé le cap des 200 milliards de dollars en 2015. L'avantage, en théorie, c'est qu'ils offrent aux États la possibilité de se doter d'infrastructures importantes, structurantes dit-on désormais, en se déchargeant d'une partie des risques sur les acteurs privés. Ces derniers prennent naturellement leur précaution en couvrant leurs arrières au moyen de mécanismes d'assurances pour tenir compte des risques de change et ceux relatifs au coût du loyer de l'argent – les taux d'intérêt !

Beaucoup de projets PPP ont été réalisés sur le continent, en particulier en Afrique de l'Ouest à la grande joie des décideurs politiques.

Cependant certains de ces projets PPP ont laissé un arrière-goût amer d'une vaste arnaque. Cas d'une autoroute à péage où le concessionnaire, Senac, un partenaire de la société Eiffage, a pu obtenir de l'État du Sénégal des centaines de milliards de mise sur le projet là où sa société n'en mettait que des vétilles pour, malgré tout, en devenir le propriétaire pendant une trentaine d'années.

On peut dans la même veine déplorer le risque d'une exclusion des Africains eux-mêmes, non les patrons à la remorque ou écrans des décideurs politiques, mais ceux qui ont une culture et une volonté d'être des acteurs patriotiques pour préserver les intérêts du continent…

La question est bien alors de savoir si ce type de financements PPP ne risque pas de créer des avenues de corruption et de ré-endettement de l'Afrique ? On regrettera que l'Afrique n'ait pas encore pu obtenir un meilleur 'deal' dans un contexte mondial où les taux d'intérêts sont extrêmement bas et que la liquidité financière débordante cherche à se placer.

Le lancement depuis 2012 d'un programme de développement des infrastructures en Afrique s'inscrit dans la même logique des PPP en cherchant, sous le couvert de l'Union africaine et d'autres acteurs institutionnels, à créer des infrastructures pour traduire dans les faits le besoin de rapprochement avec inter-étatiques et de véritable consolidation du processus d'intégration des États, peuples et économies du continent.

Parmi les projets retenus pour PIDA on notera les barrages hydroélectriques de Sambangoulou au Sénégal et de Ruzizi III en Afrique de l'Est ; le gazoduc Algérie-Nigeria ; la liaison ferroviaire Dakar-Bamako-Niamey-N'Djamena-Djibouti ou encore l'extension du port de Dar-es-Salam, en Tanzanie, le Corridor Abidjan-Lagos ; la ligne de transmission électrique de l'Afrique du Nord ; la liaison ferroviaire Abidjan-Niamey- Ouagadougou-Cotonou ; le Corridor Douala-Bangui- Ndjaména pour ne citer que ceux-là. Comme dans tous les plans de développement africains, c'est la matérialisation qui reste le grand point d'interrogation pour le PIDA. L'autre question est celle de savoir s'il ne risque pas de faire l'affaire des hommes d'affaires étrangers – et de leurs sponsors politiques africains – accroissant, ce faisant l'aliénation du continent et le renforcement de la culture de la corruption qui n'a jamais été aussi présente maintenant que les grands projets, porteurs de l'avenir commun du continent, se déclinent en des sommes mirobolantes…

L'Agenda 2063, l'autre grande vision africaine de ce siècle après l'impasse du NEPAD, connaîtra-t-il un sort identique à celui de ses prédécesseurs ? Il a été lancé en 2013 au moment où l'Afrique célébrait le 50e anniversaire de la création de l'ex-Organisation de l'Unité Africaine (OUA) dans le but de relancer la flamme du projet d'intégration africaine.

Dans ses grandes orientations, l'Agenda s'appuie sur la vision de l'Union africaine consistant à « bâtir une Afrique intégrée, prospère et en paix, dirigée par ses citoyens et constituant une force dynamique sur la scène mondiale », se donne pour but d'encourager la discussion entre toutes les parties prenantes en vue d'orienter le continent sur les voies et moyens de s'enrichir effectivement des leçons du passé, de consolider les progrès en cours et d'exploiter stratégiquement toutes les possibilités qui s'offrent à court et à moyen termes, pour assurer une transformation socio-économique positive de l'Afrique dans les cinquante années à venir, comme l'indique le site de l'Union africaine. En termes concrets, il identifie les axes prioritaires pour la construction des infrastructures et les étapes à franchir pour relever le niveau de l'Afrique dans la compétition planétaire.

Nous n'y sommes pas encore. La grande question est de traduire en chiffres et de façon ordonnée, par un chronogramme, la nouvelle stratégie qui va permettre à l'Afrique de passer de la case rêve à celle de la réalité de son décollage.

C'est là une éternelle quadrature du cercle dans un continent qui a toujours nourri les plus grands projets sans jamais en avoir les moyens. Toutefois, les oracles sont bons pour le continent. Car, à l'heure de l'émergence des méga-États, comme la Chine, l'Inde, le Brésil, la Turquie, les USA, l'Union Européenne (même amputée de la Grande-Bretagne), le rêve d'une Afrique unie n'a jamais été aussi pertinent d'autant plus que les menées centrifuges ayant entraîné la création de micro-États, comme le Sud-Soudan, le Sahara occidental ou l'Érythrée, n'ont pas été concluantes tant le morcellement en petites entités étatiques n'a été que la base de nouvelles tensions internes. L'union africaine, à l'évidence, est l'avenir du continent… La réaliser est le défi le plus sérieux pour quiconque est soucieux de traduire en réalités le rêve d'une Afrique qui compte sur la scène mondiale actuelle !

Conclusion

Un XXIe siècle africain ?

> « La reconstruction politique et stratégique de l'Afrique, on le sait à présent, sera longue, aléatoire et difficile. Cette lourde tâche, fort complexe parce qu'elle est intimement liée à celle de la construction d'un État de droit et d'institutions démocratiques, doit pour donner des résultats durables, être assumée en grande partie par les Africains eux-mêmes. »[55]

Un coup d'œil d'aigle sur la scène internationale actuelle révèle aisément que deux régions du monde semblent être les mieux parties pour voir leur rôle s'y consolider en ce XXIe siècle, toujours à ses débuts : l'Asie et l'Afrique.

Les autres régions sont déjà dans des crises persistantes. À commencer par l'Europe, longtemps considérée, ces dernières années, comme le continent du futur tant son intégration économique et politique faisait saliver ailleurs dans le monde tandis que son poids économique agrégé en faisait le numéro un planétaire. Son étoile a depuis sensiblement pâli. Avec un taux de croissance atone, expression d'une économie européenne réduite à végéter autour d'une croissance d'à peine un peu plus d'un %, comptant en son sein des États en faillite, comme la Grèce, ou

[55] Cf. Robert Dussey, *L'Afrique malade de ses hommes politiques*, éd. Jean Picollec, 252 p.

proches de ce statut, comme l'Italie, la France, ou encore l'Irlande, se remettant difficilement de l'uppercut représenté par la sortie de la Grande-Bretagne de l'Union Européenne, il ne fait aucun doute que l'Europe d'aujourd'hui n'a rien à voir avec celle flamboyante du début de la fin de la guerre froide. Surtout qu'elle est travaillée par une crise d'identité sans précédent, une dénatalité inquiétante, des déficits publics persistants et cette hydre terroriste qui la rend… repoussante.

Les États-Unis, l'autre candidat au leadership mondial, sortis en hyperpuissance de la guerre froide ne sont plus qu'un pays tétanisé par la peur de l'étranger et qui, après avoir adopté des politiques nationales que n'auraient pas renié les tenants de l'orthodoxie communiste pendant la crise financière qui l'a frappé en 2007, n'a pas fini de solder son rapport au reste du monde. La xénophobie en devient sa ligne de mire, le retrait sur ses frontières, protégé par ses deux océans voisines, l'Atlantique et le Pacifique, constituant son horizon. Qui n'a pas noté que la course présidentielle pour désigner le successeur en 2017 de Barack Obama se joue entre deux tenants de l'une des tendances lourdes de sa politique étrangère : l'isolationnisme ! Sous une présidence Donald Trump, le surprenant vainqueur de l'élection présidentielle, symbole de ces voix qui snobent l'élitisme, l'Amérique, gendarme du monde, pourrait ne plus être qu'un souvenir. C'est le retour au puritanisme fondateur qui signifie un refus de jouer désormais les premiers rôles sur la scène mondiale. Ce n'est pas surprenant dès lors que l'Amérique n'est plus l'unique chef de file d'un monde apolaire. Son hyperpuissance n'est plus reconnue de tous. En fait, entre a-polarité et multipolarité, la boussole du monde n'a plus un seul leader pour déterminer son positionnement…

Ne parlons-pas de l'Amérique latine dont on peut dire qu'elle reste l'éternelle déception dans les affaires internationales comme peuvent le prouver deux exemples, de manière encore plus caricaturale que jamais : d'un côté, le Venezuela, dernier exemple en date d'un État-providence en chute libre, et de l'autre, le Brésil, que l'on imaginait sur la crête des vagues dans le leadership mondial tant ses exploits au début du siècle faisaient rêver avec ses découvertes d'hydrocarbures dans le pré-salifère, à plus de 6000 mètres sous l'eau et ses reconnaissances comme pays-hôte de la coupe du monde et des Jeux Olympiques de 2016 par la suite, sans compter ses leaders, Lula Da Silva et Dilma Roussef, qu'on présentait comme les exemples à suivre en matière de gestion des États en quête de développement.

Alors restent l'Asie et l'Afrique. Si la première ne manque pas d'atouts, en étant d'abord le continent le plus peuplé au monde, ayant en son sein des méga-États comme la Chine, l'Inde, l'Indonésie, le Vietnam, ou les puissances économiques comme le Japon, la Corée du Sud ou Taïwan, elle a certes encore le vent en poupe, mais des vents adverses l'attendent au tournant. Car son avenir semble être le passé de l'Europe avec les conflits graves qui la menacent en mer du Sud de la Chine ou autour du Japon. Parce qu'aussi l'Amérique, toute isolationniste qu'elle puisse devenir, n'est pas disposée à voir émerger dans cette partie du monde des puissances rivales à son leadership dormant, il y a fort à parier qu'elle n'épargnera aucun effort pour mettre en œuvre sa nouvelle doctrine d'endiguement, non pas idéologique comme avec l'ex-Union Soviétique mais géo-économique, qu'elle appelle le pivot vers l'Asie.

C'est cet ensemble de facteurs qui expliquent la chance à la portée de l'Afrique. D'une certaine manière, elle tient-là les cartes pour devenir la force montante, à défaut d'être la puissance, du XXIe siècle. Ce qui montre la puissance potentielle du continent c'est sans doute cet intérêt qu'il suscite de toutes parts. Il ne se passe presque plus de mois sans que l'on entende de la bouche d'une autorité politique de renom, d'un universitaire, d'un futuriste, d'un patron de grand groupe industriel, tous de l'étranger, vantant les mérites et les possibilités du continent.

C'est notamment le Premier ministre français, Manuel Valls, qui y voit la terre promise : ce XXIe siècle, dit-il, est celui de l'Afrique. L'universitaire Jeffrey Sachs en fait son centre de recherches privilégié. Bill et Melinda, le célèbre couple versé dans la philanthropie, Outre-Atlantique, sont devenus des habitués du continent : leur soutien pour éradiquer certaines pandémies ne peut cependant masquer leur regard sur les perspectives du continent. L'ancien ministre français Jean-François Borloo ne jure plus que par l'Afrique qu'il veut sortir de la pauvreté. Japonais, Chinois et Indiens s'y bousculent pareillement. Les études africaines, jetées aux orties à la fin de la guerre froide, reviennent en force à travers le monde. De l'Europe Centrale, à la Turquie, de l'Indonésie à l'Argentine, du Brésil à l'Allemagne, on ne parle plus que d'elle…

Tout semble militer en faveur de l'Afrique : ses ressources naturelles exceptionnelles à nulle autre pareille ; son dividende démographique qui lui fait disposer des jeunes les plus nombreux au monde ; ses économies faciles à placer sur la rampe du décollage, selon la théorie de Walt Rostov ; sa maritimité, comme le prouve le sommet sur les enjeux maritimes du continent en octobre 2016 à Lomé, sous l'égide de l'UA ; son potentiel hydroélectrique et ses ressources en énergie renouvelables ; sans compter ses nouvelles couleurs géopolitiques chatoyantes attirant la plupart des grands pays et institutions du monde désireux de ne pas rater la nouvelle ruée qui s'y déroule déjà. Comment oublier ses avancées démocratiques récentes, le dynamisme de ses sociétés, notamment civiles, ses percées technologiques illustrées par l'enracinement des industries téléphoniques et de l'internet, et ses grands besoins d'infrastructures pour un développement qui ne peut plus être différé.

L'Afrique connaît un moment important où la lucidité a pris le pas sur les périodes émotives, irrationnelles, des années 1960, quand l'indépendance faisait croire que les miracles étaient possibles ; les périodes de doutes et de souffrances, entre 1970 et 1989, lorsque les coups d'État, la mauvaise gestion, ou les politiques d'ajustement structurel l'avaient fragilisée ; et les périodes de restructuration et d'euphorie de 1989 à 2014 qui l'ont vue connaître des moments où les réformes néolibérales constituaient une médecine amère avant d'être suivies par ce qui semblait être une embellie définitive.

Depuis, la maturité lui a été imposée par le fait qu'à partir de l'année 2016, en particulier, des taux de croissance ramenés à un niveau plancher, autour d'1,6 %, et le réveil des angoisses, ont signalé la fin de son âge d'or passager.

L'Afrique sait que désormais rien ne lui sera donné. C'est pourquoi elle n'a d'autre option que de prendre au sérieux son devoir de se définir son propre agenda, des politiques publiques pertinentes, une meilleure gouvernance et une mutualisation de ses atouts par l'intégration continentale, en commençant par celle des pôles régionaux qui composent le continent.

Les pistes de réflexion-actions de cet ordre, transcendant l'égoïsme des États-nations trop étriqués pour être efficaces, pourraient impliquer :

- Le sauvetage de l'Union africaine pour justifier son existence en la sortant de ses lenteurs et errements qui ont fini de détourner les peuples africains convaincus qu'elle n'est que le syndicat de Chefs d'États dont se gaussait l'un des dirigeants emblématiques du continent, le Tanzanien Julius Nyerere, quand il parlait dans le passé de l'organisation de l'unité africaine des flancs desquelles elle est née ;

- Le renforcement de son rôle afin qu'elle soit la voix définitivement reconnue du continent sur la scène internationale pour pouvoir coordonner les actions et orientations africaines à travers ses représentants au Conseil de Sécurité de l'ONU et dans les autres instances internationales ;

- L'identification et la mise en œuvre de politiques publiques centrées sur les priorités essentielles du continent, notamment l'agriculture, la science et la technologie, la santé, l'environnement, les ressources naturelles, la démographie, l'éducation, la culture et l'industrie ;

- Le développement, sur la base des intrants si nombreux localement, d'un tissu industriel interconnecté en Afrique avec des liens en amont et en aval pour faire de l'Afrique autre chose qu'une terre de réception des produits manufacturés, mais de création de valeur et d'emploi, d'indépendance industrielle dans des secteurs décisifs ;

- La coordination de la lutte contre le terrorisme, les crimes financiers et les pirateries maritimes ;

- La promotion de positions africaines face aux partenaires extérieurs, notamment pour filtrer les termes contractuels sur les ressources naturelles et le recours à l'arbitrage si nécessaire pour en garantir la souveraineté africaine ;

- L'intensification des infrastructures de transports, de santé, d'énergie et d'agriculture ;

- Le développement des supports culturels africains dans les médias, les arts et la culture ;

- Le maintien des activités sportives et culturelles qui mettent les jeunes africains en interaction pour mieux cultiver entre eux la mystique d'une appartenance au même continent ;

- La formation des Africains aux métiers modernes, en particulier via des institutions de formations qui soient ouvertes et de dimension panafricaines ;

- L'ouverture à des migrants étrangers capables de contribuer au développement du continent par leur savoir et leur avoir (acquis dans la transparence) ;

- Le renforcement des capacités africaines pour mieux négocier et signer des contrats selon les normes de la valeur à gagner pour l'argent et les ressources donnés, au nom du continent aussi bien vis-à-vis d'investisseurs extérieurs, de partenaires bi-ou-multilatéraux, ou encore pour sécuriser les positions africaines concernant les ressources naturelles et potentialités intangibles africaines ;

- L'indigénisation des efforts de maintien et de soutien de la paix ;

- La création d'entités régionales de formations universitaires pour entretenir la mystique de l'unité africaine et la formation professionnelle pour doter l'Afrique de capacités humaines en mesure de répondre aux besoins du continent pour son développement, etc.

- L'exploitation des atouts africains, en particulier au sein de sa jeunesse, dans les technologies de pointe portées par la révolution dans les télécommunications et les nouveaux réseaux de communication...

- L'engagement assidu et critique des sociétés civiles, des forces vives, du secteur privé et des syndicats, des dirigeants sociaux dans les combats à mener aussi bien dans les réseaux sociaux que dans les plates-formes publiques pour imposer une gouvernance responsable et capable pour prendre en charge les destinées de l'Afrique au lieu de laisser persister des pouvoirs omnipotents loin de tout contrôle de leurs dérives et prédations....

Aucune stratégie continentale n'étant pertinente si elle ne s'appuie sur des entités étatiques en bon état, si l'on ose dire, l'ordre africain n'aura jamais de crédibilité s'il ne peut se projeter à partir d'une amélioration du sort des États-nations africains, surtout les plus puissants parmi eux, comme le Nigeria, l'Afrique du Sud, l'Angola, l'Algérie, l'Égypte, le Maroc, le Kenya, la Côte d'Ivoire, le Sénégal, pour ne citer que ceux-là.

C'est dire, à la lumière de la profonde crise qui travaille l'Afrique aujourd'hui, que la partie n'est pas encore gagnée. D'autant qu'il faudra, en outre, résoudre la grande question qui est celle de savoir si elle saura se trouver des leaders, à tous les niveaux de la société, qui soient capables d'impulser la nouvelle dynamique, durable et viable, vers cet ordre africain, celui de la renaissance africaine, pour l'autoriser à revendiquer le contrôle de ce XXIe siècle à la disposition du prétendant le plus organisé pour en faire sa maîtresse ?

Une lumière noire africaine peut en rêver si elle s'en donne les moyens. Là est l'autre grand défi africain de l'heure.

Il est urgent dès lors d'attendre pour voir ce qu'il en sera cette fois-ci maintenant que, derrière ses faiblesses apparentes, les signes d'un réveil africain ne relèvent plus que d'une rhétorique militante. Transformer l'essai est l'enjeu du moment !

L'absence de leaders visionnaires et foncièrement centrés sur l'intérêt des pays qu'ils dirigent n'est pas le seul obstacle sérieux pour y parvenir. Comment ne pas évoquer cette cupidité qui fait des ravages sur un continent où l'accès au pouvoir par la voie 'démocratique' est devenu un moyen ultra-rapide pour s'enrichir personnellement, de même que sa famille, sans coup férir, quitte à aliéner la souveraineté nationale ? Expression d'un manque de patriotisme, cette course individuelle vers l'argent facile, dans un monde particulièrement compétitif, constitue avec d'autres tares, souvent personnelles, les plus grands handicaps vers la renaissance africaine tant de fois différée.

Qui peut, de ce point de vue, ignorer les fracas autour du jeu politique, démocratique, désormais plus flou que jamais. Il n'est que de voir l'élection présidentielle désastreuse au Gabon, samedi 27 août 2016, ramassée, armes à la main par le pouvoir alors que l'opposition, désarmée, s'est retrouvée dans l'incapacité de réclamer la justice électorale pendant que la communauté internationale, pays développés en tête, en était réduite à énoncer des mots de condamnations sans conséquence. Sur le papier tout semble même être en règle : des constitutions protégeant les droits et libertés publics et individuels sont adoptées partout sur le continent ; des conseils constitutionnels sensés suivre l'évolution des États vers des normes démocratiques existent ; des commissions nationales électorales sont en place ; des nuées d'observateurs, venant de l'Union européenne, de la Francophonie, de la Fondation Carter, du nom de l'ancien Président américain, Jimmy Carter, du *National Democratic Institute*, sans oublier les observateurs envoyés par les organisations régionales, comme la CEDEAO, ou continentale, comme l'Union africaine, avec à leur tête d'anciens Chefs d'État africains sont souvent déployés lors des scrutins pour, assure-t-on, en garantir la régularité. Dire que l'Afrique est à la page en matière de concepts pour jouer la carte des meilleures pratiques démocratiques est une évidence, mais cela n'est l'est que sur la forme.

Dans le fond, après une période d'observation critique de ses partenaires et de ses acteurs citoyens, notamment de la société civile, les processus démocratiques ne sont plus qu'une charade : déterminés par le recours à des sommes colossales, influencés par l'achat des consciences, avalisés par des observateurs souvent complices voire corrompus, et imposés parfois par les forces de défense et de sécurité, ils ont perdu ce qui leur restait en crédibilité.

La démocratie se noie en réalité sur le continent... Comme cela se voit dans les différents processus électoraux, y compris sur les piratages des constitutions à des fins de prolongation de pouvoirs personnels, dont l'Afrique semble être devenue la championne.

Pourtant l'observateur qui prend un peu de recul ne peut oublier qu'il n'y a guère quelques années encore le mot démocratie ne pouvait être prononcé dans plusieurs pays africains sans coûter à l'intrépide un séjour carcéral. Désormais, on peut se féliciter de ce que le principe même d'élections pluripartisanes soit acceptée alors qu'avant elles étaient bannies sur la majeure partie du continent, ou, encore, que dans certains pays, malgré les couacs enregistrés des processus électoraux relativement légitimes produisent un jeu politique assez décent : au Ghana, au Sénégal, au Nigeria, en Namibie et même au Kenya, pour ne citer que ces cas !

En vérité la désillusion est venue de ce que progressivement la démocratie n'est plus perçue comme une panacée. Certains s'imaginent même qu'elle peut être un obstacle aux prises de décisions rapides nécessaires à l'action publique dans les pays africains. En plus, le taux élevé d'analphabétisme et la grande pauvreté rendent l'exercice démocratique presque illusoire face à des acteurs publics enrichis par les moyens de l'État.

Au même titre, l'illusion de l'émergence que, dans un même mouvement, les dirigeants du continent déclament, comme s'ils en avaient reçu la consigne de la part de grands maîtres invisibles, ne suffira pas non plus à masquer les limites à l'ambition du continent. Ses atouts, humains et naturels, sont cependant supérieurs dès lors qu'ils sont laissés en capacité de donner le meilleur d'eux-mêmes, à travers des avantages comparatifs construits par des dirigeants compétents et mus par l'intérêt général et à long terme du continent.

Ce n'est pas faute d'avoir tenté : depuis le début du siècle des projets ont été déployés pour réaliser le nouvel ordre qui donnerait au continent sa légitime place dans le monde en assurant, en même temps, une meilleure qualité de vie à ses peuples toujours parmi les plus damnés de la terre. On ne peut ne pas se poser la question de savoir pourquoi ni l'idée de renaissance africaine, chère à l'ancien Président Sud-africain, Thabo Mbeki, ni celle d'une unité continentale, les États-Unis d'Afrique, avant sa tragique mort, par le Guide Libyen, Moammar Kadaffi, ni encore les nombreuses résolutions des instances africaines pour redonner du lustre au rêve d'une Afrique debout n'ont pas prospéré.

L'expérience donne à penser que l'Afrique pourrait encore pendant longtemps rester à quai dans la lutte pour le décollage économique et le progrès socio-politique. Les faits sont parlants : mal partie, toujours dans des difficultés économiques, confrontée au réveil des démons du discours autocratique de la part de ses dirigeants, avec la prévalence de grands défis, comme la corruption, le terrorisme, les pandémies ou encore la pauvreté des institutions sociales et physiques, elle n'incarne pas l'image d'un continent capable de transcender ses difficultés pour entrer dans une ère nouvelle.

Il suffit néanmoins de s'élever un peu pour voir que sous le pavé, l'Afrique est promise à une plage de bonheur. On peut en effet être optimiste la concernant. Car, alors que l'internet et les technologies de communication de masse permettent d'agir vite, individuellement ou en groupe, faisant surgir de l'ombre une Afrique 2. 0, toute de virtualité, incarnant l'énergie d'une jeunesse africaine mondialisée et prête à changer positivement son destin, jamais circonstance n'a été aussi propice pour éviter de tomber dans le piège des contraintes ayant à ce jour différé le renouveau africain tant rêvé. C'est un accélérateur de destin que la technologie, par les nouvelles percées de la communication, qui s'offre en soutien au réveil du continent.

On découvre alors, aussitôt, que les revers frustrants notés encore dans l'évolution africaine ne peuvent guère justifier l'afro-pessimisme qui perdure dans certains cercles, jusqu'au sein du continent. Deux d'entre eux devront être levés : le refus de beaucoup de leaders de faciliter la respiration démocratique et celui de combattre une corruption devenue un vrai cancer. Ce n'est pas une mission impossible.

Les éliminer est le préalable pour mettre en relief les atouts de l'Afrique, nettement supérieurs à ses handicaps. À cette aune, tout porte à croire que ce siècle ne se fera pas sans l'Afrique : d'où l'éternelle question qui se pose avec plus d'acuité, à savoir pourquoi si près du but, cette fois-ci, sous forme d'entité fédérale plus affinée ou à travers la conjugaison des forces de ses États-nations mieux gérés, elle se permettrait, une fois encore, de rater le coche ? Passer à l'action, traduire l'espérance en réalité et mettre en avant une culture de l'intérêt de tous, et non pas celui de quelques-uns, les *happy-few*, là se trouvent les pistes pour faire demain de l'Afrique non plus un continent de virtualité, mais celui du XXIe siècle. La noirceur de l'aube a toujours précédé la lumière du lever du jour, et ce n'est pas faire preuve d'angélisme que d'imaginer l'arrivée d'un nouveau soleil au-dessus du ciel africain, tonifiant et durable, amorce de son décollage tant de fois différé…

Il ne faut surtout pas se laisser décourager par les nuages qui entourent le continent dans le contexte de la crise économique, de leadership et de ses sociétés en ce moment. Le lointain horizon, qui se déploie, fera de l'Afrique un acteur incontournable. Ce siècle sera le sien !

Annexes

1. John Williamson, inventeur du Consensus de Washington (entretien avec Adama Gaye, à Peterson Institute of Economics, en mai 2009)

John Williamson, chercheur à l'Institut Peterson pour l'économie internationale, est l'inventeur du concept de Consensus de Washington qui a déterminé la marche économique des nations depuis la fin de la guerre froide dont celle de la plupart des pays africains. Cet universitaire Britannique, diplômé de la London School of Economics et de Princeton, explique les termes dudit Consensus.

Question : Comment avez-vous inventé ce concept, le Consensus de Washington, ayant désormais une dimension planétaire ?

Williamson : Tout est parti lorsque je témoignais à une commission du Congrès américain, à Washington. J'avais constaté que la plupart de ses membres étaient sceptiques concernant quelque réforme en Amérique Latine. J'ai alors proposé une liste de dix propositions en pensant qu'elles allaient générer une acceptation générale à Washington, et aussi dans les pays latino-américains concernés. Nous avons eu une conférence au cours de laquelle ces pays étaient invites à dire, par écrit, s'ils avançaient par rapport à ces dix propositions. Et, pour le meilleur, ou le pire, je l'ai appelé le Consensus de Washington. En voici donc l'origine !

Question : C'était quand ?

Williamson : Oh… cela s'est passé en 1989.

Question : Qu'y avait-il dans le Consensus ?

Williamson : Il comprenait dix points, en commençant par la discipline budgétaire. N'oubliez-pas le contexte de l'Amérique Latine d'alors : en 1989, les importants déficits budgétaires étaient la cause des inflations élevées qui prévalaient dans la région. Un autre point portait sur les dépenses publiques. Je n'avais pas pris de position s'il fallait ou non les couper (cette décision fut prise plus tard à Washington). Ce que le Consensus avait envisagé, c'était que s'il fallait faire des dépenses publiques, elles devaient l'être avec efficience sur des choses nécessaires, mais non pas être gaspillées à travers des subventions d'Entreprises publiques ou pour supporter l'Administration. L'argent, il fut proposé, devait être consacré à l'éducation, la santé, ou les infrastructures. La taxation était un autre chapitre. Nous militions pour un faible niveau de taxes dans l'ensemble sauf pour les gens ayant riches, notamment par une forte taxation des gains sur leurs capitaux dissipés à l'étranger. La libéralisation du secteur financier faisait aussi partie dix points du Consensus avec l'objectif d'aller vers un système où les taux d'intérêts étaient déterminés par le marché. Cela devait orienter l'allocation des investissements plutôt que d'être décidé par les gouvernements.

Question : Certains disent que la libéralisation du compte capital des États figurait parmi vos propositions…

Williamson : Non, elle n'était pas au nombre des dix propositions originelles. J'ai envisagé plus tard un chapitre sur la libéralisation des investissements directs étrangers, mais non celle de tous les capitaux car j'avais accepté le principe qu'il fallait maintenir le contrôle sur certains types de flux de capitaux à court terme. Le reste des propositions étaient respectivement l'adoption de taux d'intérêts compétitifs, tels que des taux d'intérêts unifiés, sans taux d'intérêts spécifiques pour des transactions spécifiques ; une libéralisation commerciale où je suggérais que les différences de vues concernant la vitesse de celle-ci devaient être prises en compte dans la formulation des politiques commerciales ; la libéralisation des investissements directs étrangers, qui est désormais largement acceptée puisque tous les pays ou presque leur sont favorables par opposition à ce qui était le cas, en 1989 ; la privatisation était le huitième chapitre ; le neuvième était la dérégulation, non la version avancée par l'ancien Vice-Président américain, Dan Quayle, qui impliquait la non-régulation pour les sociétés, la protection des consommateurs ou l'imposition de normes financières et environnementales. Ce n'était pas notre idée qui plutôt consistait à permettre aux gens d'entrer et de sortir de certaines professions. Le dernier point de l'Agenda se rapportait à la sécurité des droits de propriétés intellectuels, en particulier dans le secteur informel.

Question : Avec le recul quelles sont les mesures que vous auriez-changé aujourd'hui ?

Williamson : Ahaha... J'aurais préféré les ordonner différemment. Je n'aurais pas placé la privatisation de sorte à donner l'impression que je proposais la privatisation de chaque société publique. J'aurais dû rendre plus évident le fait que mon souhait était de voir privatiser les entreprises qui devaient l'être en Amérique Latine en 1989, pas toutes les sociétés étatiques. Je regrette aussi de n'avoir pas été plus clair sur la dérégulation, la libéralisation financière pour expliciter la question de la libéralisation du compte capital et aussi la nécessité d'avoir une régulation sur le secteur financier.

Question : Le Fmi, la Banque mondiale et d'autres partisans de la libéralisation économique ont repris vos thèses pour créer un agenda mondial néo-libéral, ce qui a causé beaucoup de défis dans des pays en développement, notamment africains...

Williamson : Oui il y a eu une tendance à aller dans cette direction au point de prendre nos propositions comme paroles d'évangile relativement à la manière de faire des réformes économiques. Cela était probablement inévitable en raison du climat favorable au libéralisme, à l'époque. Mais il y a eu des exagérations de la part de ceux qui s'opposaient à ces idées. Les idées principales que j'avançais n'étaient pas néo-libérales, mais des idées généralement acceptées et non les parties controversées de la doctrine.

Question : Il y a eu ce qu'on a appelé la version augmentée du Consensus de Washington qui en appelle à la mise en œuvre de la bonne gouvernance, à l'adhésion aux normes démocratiques, etc., ce qui a ajouté à l'intérêt de votre projet…

Williamson : Je pense que vous faites référence au professeur de Harvard, Dani Rodrik, qui estime que les institutions de Bretton Woods n'avaient pas développé suffisamment le projet par certains aspects. Je ne suis pas d'accord en tout avec lui, mais il considère que ce qui est proposé par les institutions de Bretton Woods font la version augmentée du Consensus. Il n'est pas lui-même d'accord avec tous ces points, mais les présente comme la version des institutions financières internationales. Sa présentation ne donne pas une vue précise de leur position car sur certains points elles ont essayé de rester neutres, tels que sur la démocratie, et autres, sur lesquelles, je le pense, les institutions de Bretton Woods sont en contradiction avec ce que j'avais exprimé dans la version originelle du Consensus et la leur, notamment sur la question des taux d'intérêts. Là où je maintiens la nécessité de maintenir un taux d'intérêt compétitif, il indique qu'il faut un taux totalement flottant ou un taux absolument fixe. Cela était une doctrine très populaire au sein du Fmi autour de l'année 2000. Mais je crois que c'était erroné et ne reflétait pas l'idée du Consensus de Washington. C'était même une idée contradictoire, une représentation déloyale de mon projet…

Question : Le Consensus de Washington a fait des petits. On parle maintenant des Consensus de Pékin, d'Inde et même d'un Consensus africain… Sont-ils des défis face à l'original ?

Williamson : À vrai dire je n'en vois pas un seul qui soit un Consensus. On a même exagéré en les appelant consensus. Le vrai consensus est celui vers lequel nous nous sommes rapprochés en 1989. Au lieu de Consensus de Washington, on aurait pu l'appeler la Convergence universelle surtout que le contexte s'y prêtait avec les vieilles idées du socialisme désormais rejetées, alors. Même si on lui a donné le nom de Washington, il faut admettre que son cadre dépassait la capitale fédérale. À ce jour, le seul Consensus qui s'en rapproche est celui de Pékin, mais là même les économistes chinois ne s'y retrouvent pas. C'est la création d'un journaliste américain qui réside en Chine.

Question : Depuis la dernière crise financière, les critiques contre le capitalisme ne manquent pas…

Williamson : Chaque fois qu'il y a une crise, il est inévitable que les gens tendent à remettre en question la sagesse de la philosophie en vigueur ou, en l'espèce, à critique l'approche économique qui a conduit la marche des nations. Il est légitime que les gens se posent ces questions, mais dans ce cas précis on peut parier sur les réponses qui en découleront. Nous avons beaucoup d'expérience en termes de comparaison en matière de progrès entre capitalisme et socialisme. À chaque fois, le capitalisme a pris le dessus. La raison pour laquelle même la Chine a avancé, c'est parce qu'elle a commencé à mettre en œuvre des réponses du capitalisme à ses défis. Que le débat soit tranché ne justifie pas qu'il puisse y avoir une discussion saine, contradictoire, voire controversée, autour du capitalisme, comme c'est le cas ces temps-ci.

Question : Le Consensus de Washington survivra-t-il au débat présent autour du capitalisme ?

Williamson : S'il a survécu de 1989 à 2009, il survivra jusqu'à 2019, je le pense, et plus *encore peut-être !*

2. PRÉSIDENT… TRUMP (par Adama Gaye)

Les oracles ont voté : ce sera une femme qui prêtera serment le 20 janvier 2017, pour occuper le bureau ovale, siège des services de la Présidence des États-Unis d'Amérique (USA).

Hillary Clinton, candidate du Parti Démocrate, est partie, disent-ils, pour remporter haut la main l'élection qui l'opposera le 8 novembre à son adversaire, Donald Trump, porte-drapeau du

Parti Républicain, celui que personne n'attendait à ce stade de la course électorale.

Les bien-pensants, les instituts de sondages, les grands médias, la société internationale ont tous déjà délivré leur verdict en s'imaginant que le prochain Président du plus puissant pays au monde en sera UNE, pour la première fois de son histoire tri-séculaire.

Et si c'était donc Trump qui l'emportait ? me suis-je hasardé, en juin dernier, à demander à haute voix, lors de la Conférence de Londres organisée une fois par an par la prestigieuse institution Chatham House. Devant un groupe d'intellectuels, d'experts en politique étrangère, de diplomates, de politiciens et autres, le silence que ma question déclencha fut si assourdissant que seule la réaction de l'Indien Shashi Tharoor, probablement le plus doué sur ces questions au monde à l'heure actuelle, ancien numéro deux de l'ONU, put briser. « Tout ce que nous envisageons concernant les affaires du monde s'en trouverait bouleversé, réduit à néant, si cette hypothèse se confirmait », déclara-t-il.

Certes, on en est encore loin car si les tendances électorales actuelles se maintiennent, l'épouse de Bill Clinton a toutes les chances de l'emporter. Surtout que, vent debout, même les responsables des structures de sécurité des USA se grattent la tête, transis qu'ils sont par la peur de voir un homme aussi fantasque et ignorant des questions stratégiques se trouver à une posture où il tiendrait le bouton rouge de la bombe atomique à côté de lui, voire non loin de son oreiller. Ses déclarations insultantes contre les musulmans, les immigrés, les pays-partenaires, les complexes de sécurité, à l'image de l'Organisation du Traité de l'Atlantique Nord (Otan), et sur d'autres sujets sensibles ont de quoi semer la panique et déclencher une campagne pour l'arrêter « *by-all-means* », par tous les moyens.

Seulement la démocratie américaine a ses surprises, dont celle dite de novembre, de la dernière heure, que nul ne doit ignorer dans l'évaluation d'une course à la Maison Blanche.

Quelques exemples l'attestent. En 1976, surgi de nulle part, Jimmy-Qui ?, selon le nom qu'on avait donné à un agronome venu de la Géorgie, avait bousculé les pronostics pour devenir le futur Président Jimmy Carter.

En 1991, Bill Clinton, obscur gouverneur d'une région d'arrière-zone, l'Arkansas, arrivé avec des bagages dégoulinant de scandales sexuels et financiers, créa la surprise en battant George Bush-Père, qui venait non seulement d'être auréolé d'une victoire dans la première guerre du Golfe Persique post-guerre froide, mais surfait sur la crête des vagues avec des sondages lui accordant des taux de 91 %. « C'est l'économie, imbécile ! », fut le slogan dévastateur que Clinton sut utiliser à son avantage, pour défaire une '*dream-team*' où l'on retrouvait aussi bien Brent Scowcroft, James Baker, Dick Cheney, en plus d'avoir à sa tête le plus expérimenté président en fonction des USA.

La défaite en 2000 d'Al Gore, solide produit de l'establishment américain, avec l'aide de la justice, devant l'immature George Bush-Fils, est un autre cas qui souligne l'imprévisibilité d'une campagne électorale américaine. Le sacre d'un noir en 2009, en la personne d'Obama, n'est-elle pas aussi révolutionnaire ?

Si l'histoire est un guide, on peut a priori penser donc que l'élection de cette année sera plus serrée pour Hillary Clinton.

Les handicaps sont nombreux pour celle qui est loin d'être un enfant de chœur. On peut parier que la campagne la révélera dans sa vraie nature. Les casseroles qu'elle traîne et ses postures intellectuelles immorales reviendront alors en surface. Qui peut à cet égard oublier qu'en l'an 2008, quand elle refusa de concéder à Barack Obama le statut de candidat des démocrates, l'une de ses… saillies fut de dire : « ce nègre doit rester à sa place ! ».

Son cynisme et ses tares, y compris vis-à-vis de son mari, sont assez connus pour qu'elle en échappe aisément.

On peut compter sur Trump pour la pousser dans les cordes. Surtout que les bourdes verbales de ce dernier, plus calculées qu'on ne l'imagine, ont pour but de toucher les cordes sensibles d'un électorat plus pressé de voir l'Amérique revenir à l'un des fondamentaux de sa politique étrangère, l'isolationnisme, en s'éloignant de l'unilatéralisme ou encore de ce statut de gendarme du monde que la montée du terrorisme asymétrique a rendu plus dangereux que jamais.

Bâtisseur d'empires financiers, mais aussi de faillites, dans un pays qui accepte succès et échecs comme les deux faces du rêve américain, en plus d'articuler son discours sur ce qui compte le plus, la création d'emplois à domicile, Donald Trump a, de surcroît, un narratif individuel plus puissant. Ses compatriotes peuvent rejeter celui d'une Clinton-bis dont la victoire jetterait les bases de ce qu'ils détestent le plus : la monarchisation d'un pays arc-bouté sur son Républicanisme fondateur.

Rien n'est donc joué d'avance, et, toute favorite qu'elle soit à ce stade, Hillary se doit d'être sur ses gardes !

Article publié le 23 août 2016
deux mois avant l'élection présidentielle américaine
dans *Nouvel Hebdo*, magazine sénégalais

BIBLIOGRAPHIE

OUVRAGES

Basil Davidson, "*The Black Man's Burden Africa and the Curse of the Nation-State*", James Currey, 355 pages.

Daniel Yergin, "*The quest Energy, Security, and the Remaking of the Modern World*", The Penguin Press, 804 pages.

Dianna Game, "*Business in Africa, Corporate insights*", Editions Portfolio-Penguin, 251 pages.

Francis Fukuyama, « *The end of the history and the last man* », Free press, 432 pages.

Frederick Cooper, "*Africa Since 1940: The past of the present*", The Cambridge University Press, 216 pages.

Giles Bolton, "*Africa Doesn't matter: How the West has Failed the poorest continent and what we can do about it*", Arcade Publishing, New York, 350 pages.

Henry Kissinger, « *L'ordre du monde* », Librairie Arthème Fayard, 2016, 391 pages.

Jean-Marie Chevalier, « *Les nouveaux défis de l'énergie* », Editions Economica, 299 pages.

Jean-Michel Severino, Olivier Ray, « *Le temps de l'Afrique* », Editions Odile Jacob, 2011, 345 pages.

John Luiz, « *Managing Business in Africa: Practical Management Theory for an Emerging Market* », Oxford University Press, 399 pages.

Larry Diamond et Marc F. Plattner, « *Democratizationin Africa: Progress and Retreat* », Second Edition, The Johns HopkinsUniversity Press, 2010, 360 pages.

Martin Wolf, "*Why Globalization Works*", Yale University Press, 398 pages.

Nicolas Van de Walle, *"African economies and the politics of permanent crisis, 1979-1999"*, Political Economy of Institutions and Decisions, Cambridge University Press, 291 pages.

Philippe Hugon, *« Géopolitique de l'Afrique »*, Éditions SEDES, 2007, 239 pages.

René Dumont, *« L'Afrique noire est mal partie »*, Éditions Seuil, 1962, 320 pages.

Robert Dussey, *« L'Afrique malade de ses hommes »*, 2e Éditions, Jean Picollec, 252 pages.

Samuel Huntington, *« Le choc des civilisations »*, Éditions Odile Jacob, Paris 2000, 545 pages.

Saïdou Nourou Tall, *"Droit des Organisations Internationales africaines : Théorie générale, Droit communautaire compare, droit de l'Homme, Paix et Sécurité"*, CREDILA, 2015, 547 pages.

Thiaca Thiaw, *« La protection internationale des droits de l'Homme dans les situations de crise en Afrique : Le droit à l'épreuve des faits »*, Études Africaines, 2014, 441 pages.

William Easterly, *"The white man's Burden: Why the west's Efforts to Aid the Rest Have Done So Ill and So Little Good"*, The Penguin Press, 436 pages.

A World Bank Policy Research report, Adjustment in Africa: Reforms, Results, and the road ahead, Oxford University Press, 284 pages.

WEBOGRAPHIE

www.jeuneafrique.com
www.un.org
www.rfi.fr
www.au.int
www.peaceau.org
www.un.org/fr/peacekeeping/operations

TABLE DES MATIÈRES

Post-scriptum

Ce livre a été écrit au moins sur trois continents. D'abord en Afrique, à Dakar, Abuja et Abidjan. Puis l'Europe, à Paris et Londres. Enfin, en Amérique, à Washington.

Au moment de conclure sa rédaction, je me trouve à Abuja, capitale fédérale du Nigeria, où je suis venu prendre part, à côté de l'ancien Président de la CEDEAO, dr. Mohamed Ibn Chambas, à une conférence sur la relation sécurité et développement en Afrique. Abuja est un symbole significatif de l'Afrique récente en même temps qu'il incarne en quelque sorte son avenir. Cette ville, surgie de terre voici quelques décennies et bâtie au pied du mont Zuma, est en effet susceptible de livrer les pistes du futur africain. La première fois que je l'ai visitée, c'était en mai 1991, dans un contexte de basculement géopolitique planétaire. C'était à un moment où, forcée de quitter ses bases éthiopiennes, où elle a son siège, l'OUA, ancêtre de l'UA, avait dû choisir dare-dare cette localité, à l'instigation des dirigeants nigérians soucieux de profiter de l'aubaine pour affirmer leur leadership alors affirmé par leur ambitieux Président de l'époque, le Général Ibrahim Gbadamassi Babangida. Abuja abrita, dans ces conditions, l'un des derniers sommets de l'OUA sans savoir que celle-ci vivait ses dernières années avant d'être remplacée par l'UA, au début du XXIe siècle. Dans le bouillonnement d'alors, des troupes rebelles, depuis aux commandes de l'Éthiopie, assiégeaient le régime en chute libre du Négus Rouge, Mengistu Hailé-Mariam. En venant se réunir loin des collines éthiopiennes, l'OUA, réalisant l'impatience des peuples africains pour un mieux-être, avait mis sur son Agenda la transformation économique du continent. Elle avait décidé de lancer l'initiative d'une Communauté Économique Africaine (CEA) qui devait devenir une réalité en 2035. Abuja n'était alors qu'une petite bourgade en gestation. Conçue à l'image de Brasilia, la nouvelle capitale du Brésil construite au centre de ce pays d'Amérique du Sud, elle devait fédérer les régions d'un méga-État africain pour l'éloigner des démons de l'irrédentisme. Trente-cinq ans plus tard, alors qu'on ne parle plus de la CEA, projet mort-né, comme tant d'autres entreprises d'intégration africaine, la résilience africaine continue pourtant de se donner à voir à travers cette localité. Désormais, c'est une vaste ville, avec ses immeubles, ses autoroutes, ses symboles du pouvoir, tel Aso-Rock, l'imposant siège du pouvoir d'État nigérian, et ses excès, qu'incarnent les sirènes des motards, ce qu'on appelle les flèches, précédant et suivant les voitures officielles. Comme le reste de l'Afrique, Abuja a survécu. Au milieu des pires difficultés.

En cette année 2016, le pays vit l'une de ses plus sévères crises économiques. Les causes : une drastique baisse des cours du pétrole et la dévaluation du Naira, la monnaie nationale, ont fini par semer le doute. « Je me demande où l'on va », me souffle Maureen, Directrice d'un journal en ligne du pays. Comment vouloir forcer le trait en plaidant pour une nouvelle Afrique en voyant à quel point la situation est désespérée dans cette ville où même les prostituées qui encombraient ses rues, bars et halls d'hôtels, et ceux du reste du pays, semblent avoir baissé pavillon. Elles semblent avoir disparu comme pour admettre que la clientèle est essoufflée, désargentée. Les anciens Chefs d'État, écrit la dynamique presse locale, en cette mi-novembre 2016, n'ont pas été payés depuis dix mois. Beaucoup d'États composant la fédération nigériane ne parviennent plus à payer les salaires. Des organisations régionales importantes qui étaient venues s'installer ici pour profiter de la générosité panafricaine de ses dirigeants ne savent, elles aussi, plus où donner de la tête : elles sont réduites à ronronner pour masquer leur incurie et leur paralysie financière, faute de recevoir les subsides de leurs hôtes qui sauvaient leur mise. La nuit, la capitale fédérale frappe par ses coupures constantes d'une électricité qui se fait toujours rare du reste sur les avenues désertées et lugubres.

Désespérer ? Loin s'en faut. Car, malgré les angoisses, les difficultés quotidiennes, la pauvreté, la violence, et la corruption, tous ici ont le sentiment, comme ailleurs sur le continent, qu'il va falloir faire avec, et qu'au coin de la rue, l'espoir est au rendez-vous.

On peut aussi sentir cette ambivalence en parcourant une autre grande ville africaine, Abidjan, quelques années après une terrible guerre civile qui avait fait croire que la Côte d'Ivoire, dont elle est la capitale, naguère considérée comme un miracle, était partie pour n'être qu'un tragique mirage. Là aussi, il suffit de tendre l'oreille pour entendre les complaintes. Tel taxi-man vous dit sans prudence que le nouveau président du pays, Alassane Dramane Ouattara, a tout verrouillé, qu'il n'y a plus d'argent qui circule dans le pays. « Il a fait des ponts et des routes, mais nous souffrons », hurle un Dioula, de la même extraction ethnique que Ouattara, dans le Nouchi, la langue locale créée et comprise que par les Ivoiriens.

Pourtant ici aussi au milieu des tensions politiques et ethniques, plus qu'économiques, on ne peut ne pas constater le retour à la vie, à la vie intense, que le peuple de ce pays ouest-africain ne se prive jamais d'étaler à la face du monde, d'abord de celle des visiteurs. Les embouteillages sont de retour. Les maquis, ces restaurants populaires où l'on mange à des prix modiques de succulents plats locaux, ont retrouvé l'effervescence qu'ils n'avaient plus. Et çà et là le remplissage des hôtels de la ville témoigne d'un regain d'intérêt des investisseurs et touristes.

Partout en Afrique l'ambivalence du réel africain, l'espoir sous la mer de peurs, des violences, des crises de leadership, de la corruption, pointe vers cette nouvelle Afrique qui devient incontournable.

Certes, le décalage est évident entre les nouveaux riches, produits d'une démocratisation devenue vénale au profit d'acteurs qui se faisaient passer comme parangons de la vertu et de la bonne gouvernance, et la vaste majorité des populations du continent qui se trouvent confrontées à vivre sur une corde raide, parvenant à peine à joindre les deux bouts. De nouveaux milliardaires, non productifs, enrichis du fait de leur engagement partisan ont alors beau jeu pour corrompre et cultiver le rêve d'avoir un gain sans effort. Dans le processus, les familles éclatent, les valeurs sont inversées, et la rigueur n'est plus une variable. Il en résulte une prédation des biens nationaux et le sacre de sociétés vénales. À défaut, du Sénégal au Congo, c'est le triomphe de la religion comme valeur refuge pour les déshérités incapables de faire face aux besoins matériels de leur impossible quotidien. Les plus riches, eux, se font soigner à l'étranger, y envoient leurs enfants pour leurs études pendant que leurs propres épouses vont y accoucher dans le but d'obtenir le sésame d'une nationalité forte.

La voie devient plus étroite dans le contexte où le virtuel, les réseaux sociaux et les mutations rapides mettent en avant d'autres valeurs que le libéralisme économique. Ils remettent en cause les certitudes d'un passé récent quand mondialisation et désindustrialisation, au risque de semer des angoisses existentielles sans précédent pour des peuples perdus, étaient la doxa suprême. Maintenant face aux pulsions nationalistes, patriotiques, voire isolationnistes, par le retour en grâce du protectionnisme économique et militaire, il n'y a plus qu'une solution possible.

C'est celle qui exige l'avènement d'un leadership clairvoyant et d'une solidarité active, nourris par une continuité dans l'action au lieu de s'arrêter aux discours lors des rencontres officielles.

Cette mutation seule donnera le coup de fouet qu'attendent les peuples africains, les premiers à payer le prix de ce qui a longtemps fait de l'Afrique, terre de richesses sans égale, un espace maudit alors qu'elle peut légitimement aspirer à jouir de la bénédiction que le ciel et la terre ont mise à ses pieds.

Douter de la capacité de l'Afrique à revendiquer le XXIe siècle devient la réponse facile, archi-connue de tous ceux qui pensent que le continent n'a pas la vocation de s'extirper de son statut négatif. Trop de signes et d'errements autorisent à tenir compte d'un tel diagnostic.

Mais qu'on ne s'y trompe pas: le tour de l'Afrique est bien là, sous ces décombres et dégâts, sous les actes de corruption et de mal-gouvernance, sous les pressions en tous genres.

Une observation plus fine et large montre que c'est bien une autre vision de l'Afrique qui se prépare à révéler au monde les attributs jusqu'ici bloqués par des actes qu'il serait aisé d'inverser pour lui faire jouer son vrai rôle, celui que tous, d'un même mouvement, y compris les forces extrémistes, populistes et xénophobes, commencent à lui reconnaître.

En cela, Abidjan et Abuja sont avec d'autres localités du continent, de Douala à Dar-Es-Salam, les microcosmes de ce que sera l'Afrique, dès qu'elle aura, très bientôt, vaincu le signe indien qui l'a plus que de raison retardée dans sa marche. En cela, leurs douleurs présentes ne sont que l'autre facette d'un continent sur le point de découvrir les joies et bonheurs d'une aube nouvelle.

L'afro-pessimisme n'est plus l'horizon du continent, n'en déplaise à ses contempteurs: un soleil tonifiant s'y lève au milieu du brouillard...

L'Afrique

aux éditions L'Harmattan

Dernières parutions

ETHNIES, NATIONS ET DÉVELOPPEMENT EN AFRIQUE : QUELLE GOUVERNANCE ?
Actes du colloque de Brazzaville (Congo), du 26 au 28 mai 2014
Sous la direction de Hugues Mouckaga, Scholastique Dianzinga, Jean-François Owaye
En 1962, quelques années seulement après que la parenthèse coloniale eut commencé à se fermer, un agronome français, René Dumont, osa ce pronostic : « l'Afrique noire est mal partie ». Que de protestations ! Pourtant, plus de 50 ans après les indépendances, le continent africain est à la peine et patine. L'explication : la mal gouvernance. Du fait de ses ethnies, l'Afrique fait face à un épouvantable écueil ! Elle n'arrive pas à se constituer en nations ! Il importait donc d'agir, de réfléchir autour de cette problématique.
(Coll. Études africaines, 55.00 euros, 704 p.)
ISBN : 978-2-343-05785-9, ISBN EBOOK : 978-2-336-37944-9

ÉLECTIONS, VOTE ET REPRÉSENTATION POLITIQUE DES AFRICAINS DE L'ÉTRANGER
Suivi du *Guide des opérations électorales en dehors des frontières nationales*
Wongo Ahanda Antoine
Quels sont aujourd'hui les types d'élections, les mécanismes et les procédures du vote à l'extérieur adoptés par les pays africains ? Dans cet ouvrage, qui fait la synthèse des connaissances et des pratiques du vote à l'extérieur et de la représentation politique des Africains de l'étranger, l'auteur entend apporter une contribution pédagogique au processus d'appropriation de la citoyenneté externe par les États africains. Un ouvrage qui intéressera les leaders africains, les migrants africains et tous ceux qui sont impliqués dans le processus de vote à distance à travers l'Afrique et les pays d'immigration.
(Coll. Études africaines, 21.00 euros, 202 p.)
ISBN : 978-2-343-02009-9, ISBN EBOOK : 978-2-336-38129-9

MANUELS SCOLAIRES, ENVIRONNEMENT INFORMATIF ET NUMÉRIQUE AU SERVICE DE LA LECTURE
Enjeux nouveaux pour une école émergente
Thioune Birahim - Préface de Michèle Verdelhan Bourgade
Aujourd'hui, l'environnement socioculturel s'est complexifié du fait de l'émergence de technologies nouvelles qui ont envahi l'univers des apprenants et qui se révèlent, dans les espaces d'éducation et de formation, à la fois comme

des promesses d'enrichissement et des menaces. Ce livre fixe quelques contours de l'utilisation des TIC (Technologies de l'Information et de la Communication) et des limites à observer dans leur application, sous peine de mettre en péril tout un patrimoine pédagogique.
(16.50 euros, 164 p.)
ISBN : 978-2-343-06236-5, ISBN EBOOK : 978-2-336-37731-5

L'ÉCOLE, GAGE DU DÉVELOPPEMENT DE L'AFRIQUE
Zénith Laurent - Préface de Mathias Eric Owona Nguini
Si plusieurs facteurs et secteurs sont à considérer pour sortir rapidement l'Afrique de son retard, le domaine scolaire revêt une importance capitale. Malheureusement, ce levier du développement qu'est l'école regorge de nombreuses tares dans la quasi-totalité des pays subsahariens. Un système académique bien pensé participerait fortement à l'essor de l'Afrique. À partir de propos, témoignages et de cas vécus, l'auteur met à nu tous les manquements qui handicapent l'émergence de ces pays.
(Harmattan Cameroun, 16.50 euros, 158 p.)
ISBN : 978-2-343-06203-7, ISBN EBOOK : 978-2-336-38133-6

LE CAMÉLÉON ET LA MORT EN AFRIQUE
Eschenlohr Nicole
La question de la mort hante nos esprits rationnels. Pour mieux maîtriser cette angoisse existentielle, les civilisations traditionnelles ont détourné le problème en attribuant une origine à cette mort : pourquoi et comment est-elle apparue ? En réponse à ses interrogations, la mythologie africaine, riche de liens tissés entre les hommes et les animaux, a désigné un responsable qu'elle a placé au cœur de ses récits et légendes : le caméléon. Accusé de lenteur, sa défense repose sur l'inéluctabilité de la mort...
(Coll. Ethnographiques, 14.00 euros, 132 p.,)
ISBN : 978-2-343-05818-4, ISBN EBOOK : 978-2-336-37485-7

APPROCHE CRITIQUE DU DÉVELOPPEMENT EN AFRIQUE SUBSAHARIENNE
Zagre Ambroise
Le sous-développement de l'Afrique subsaharienne constitue une préoccupation majeure pour les pays concernés, la communauté internationale, les milieux intellectuels et la société civile. Cet ouvrage interroge la notion de développement et envisage l'avenir de ce sous-continent vers un nouveau paradigme de développement : l'»auto-développement humain», capacité des sociétés à se développer en comptant d'abord sur leurs forces intérieures, leur capacité de création et leurs potentialités matérielles et spirituelles.
(Coll. Politique et dynamiques religieuses en Afrique, 27.00 euros, 260 p.,)
ISBN : 978-2-343-05939-6, ISBN EBOOK : 978-2-336-37427-7

LA PRÉCARITÉ QUOTIDIENNE EN AFRIQUE DE L'OUEST
Culture et développement
Ernoux Jules - Préface de Michaël Singleton
Cet ouvrage propose des tranches de vie prises sur le vif dans la population, plutôt urbaine, de Côte d'Ivoire, de Guinée et du Niger. À l'issue de 33 séjours

riches de rencontres collectives et individuelles, l'auteur s'interroge : comment vivre au jour le jour dans le manque permanent, seulement soucieux de manger à sa faim, de sauvegarder une santé précaire, de confier ses enfants à des écoles surpeuplées, de vivre dans l'insécurité d'un pays où l'État de droit n'est qu'une illusion ?

(Coll. Écrire l'Afrique, 15.50 euros, 154 p.)

ISBN : 978-2-343-05748-4, ISBN EBOOK : 978-2-336-37417-8

LE MARKETING DE RUE EN AFRIQUE

Mouandjo Lewis Pierre

Cet ouvrage, abondamment illustré d'exemples, se veut un outil pédagogique pour faciliter la compréhension de ce «Marketing de rue» tant développé par ses acteurs en Afrique. Son but est de mettre à la disposition des étudiants et responsables d'entreprises un manuel leur permettant de saisir les opportunités qui leur sont offertes par ce nouveau marché que représente la rue et où se déroulent des pratiques commerciales «agressives» et une concurrence farouche entre les entrepreneurs individuels, les grandes sociétés et les Petites et Moyennes Industries.

(Coll. Études africaines, 44.00 euros, 512 p., Illustré)

ISBN : 978-2-343-05770-5, ISBN EBOOK : 978-2-336-37547-2

L'AGENCE SPATIALE AFRICAINE

Vecteur de développement

Ouedraogo Sékou - Préface de Jean-Loup Chrétien

L'Algérie est en train de finaliser la conception de son premier satellite national ALSAT2B qui devrait être entièrement conçu par ses ingénieurs. Le Nigéria veut envoyer un astronaute dans l'espace avant la fin 2015. Qui peut le croire ? Et pourtant, l'Afrique possède des agences spatiales nationales crédibles et des organisations panafricaines qui travaillent sur le sujet. Pour utiliser efficacement ces applications spatiales au service du développement, l'auteur défend la création d'une Agence Spatiale Africaine.

(Coll. Diplomatie et stratégie, 18.50 euros, 188 p.)

ISBN : 978-2-343-05942-6, ISBN EBOOK : 978-2-336-37375-1

UN CHEF-D'ŒUVRE DES ARTS D'AFRIQUE

La plateau de Fa (golfe du Bénin), collection Christoph Weickmann Ulm, 1659

Biton Marlène-Michèle

Dans cet ouvrage, l'auteur a tenté de mener une enquête sur un plateau de divination provenant des côtes de Guinée, importé il y a 350 ans à destination du cabinet de curiosités d'un marchand d'Ulm, Christoph Weickmann. Il s'agit d'abord de replacer cet objet dans son contexte historique et culturel et de retrouver les conditions de son arrivée en Europe. L'auteur entreprend également une analyse plastique précise ouvrant des perspectives sur les modalités de représentations utilisées et l'accès à une mythologie foisonnante.

(Coll. Ethnoesthétique, 30.00 euros, 290 p.)

ISBN : 978-2-343-04282-4, ISBN EBOOK : 978-2-336-37491-8

DE LA CEAO À L'UEMOA
Ou la genèse d'une intégration sous-régionale réussie
Sawadogo Fatimata - Préface de Cheikhe Hadjibou Soumaré
Cet ouvrage est un solide argumentaire de la trajectoire de l'intégration ouest-africaine. Cette analyse historique sur les principales organisations qui ont précédé la CEAO (Communauté économique de l'Afrique de l'Ouest), se concentre sur les acquis et les insuccès de cette dernière. L'auteur analyse le passage de la CEAO à l'UEMOA (Union économique et monétaire ouest-africaine) pour mieux démontrer les grandes avancées sur le difficile chemin de l'intégration sous-régionale. Elle insiste sur le bilan positif de l'UEMOA eu égard aux nombreuses actions concrètes dans tous les secteurs de la vie socio-économique au profit des populations.
(15.50 euros, 152 p.,)
ISBN : 978-2-343-05985-3, ISBN EBOOK : 978-2-336-37437-6

CHEIKH HAMAHOULLAH – Homme de foi et résistant
L'Islam face à la colonisation française en Afrique de l'ouest
Traoré Alioune
Cheikh Hamahoullah fut l'un des principaux propagateurs du tijânisme en Afrique occidentale. Il mena un combat inlassable pour la liberté et la dignité des peuples d'Afrique pendant la période coloniale. En s'appuyant sur des documents d'archives, la tradition orale africaine et des manuscrits conservés par les fidèles et les adversaires du Cheikh, l'auteur rejette l'image d'un Hamahoullah agitateur sans culture et sans foi, que répandaient complaisamment les rapports des administrateurs coloniaux.
(34.00 euros, 404 p.)
ISBN : 978-2-343-04694-5, ISBN EBOOK : 978-2-336-37070-5

QUELLE AFRIQUE POUR LES JEUNES ?
Lettre ouverte
Barry David
Ce livre est une lettre ouverte d'un panafricaniste convaincu. Il s'adresse aux jeunes, car ce sont eux qui peuvent encore nourrir de grands rêves et qui ont encore la capacité de s'indigner. Le panafricanisme est pour l'auteur la seule voie royale qui permettra aux jeunes de retrouver une certaine cohérence, un sens et surtout de reprendre l'initiative. Cette lettre ne comporte pas de recettes mais propose une démarche en fournissant des repères.
(Harmattan Burkina Faso, Coll. L'Harmattan International Burkina Faso, 16.50 euros, 166 p.,)
ISBN : 978-2-343-06009-5, ISBN EBOOK : 978-2-336-37484-0

L'HARMATTAN ITALIA
Via Degli Artisti 15; 10124 Torino
harmattan.italia@gmail.com

L'HARMATTAN HONGRIE
Könyvesbolt ; Kossuth L. u. 14-16
1053 Budapest

L'HARMATTAN KINSHASA
185, avenue Nyangwe
Commune de Lingwala
Kinshasa, R.D. Congo
(00243) 998697603 ou (00243) 999229662

L'HARMATTAN CONGO
67, av. E. P. Lumumba
Bât. – Congo Pharmacie (Bib. Nat.)
BP2874 Brazzaville
harmattan.congo@yahoo.fr

L'HARMATTAN GUINÉE
Almamya Rue KA 028, en face
du restaurant Le Cèdre
OKB agency BP 3470 Conakry
(00224) 657 20 85 08 / 664 28 91 96
harmattanguinee@yahoo.fr

L'HARMATTAN MALI
Rue 73, Porte 536, Niamakoro,
Cité Unicef, Bamako
Tél. 00 (223) 20205724 / +(223) 76378082
poudiougopaul@yahoo.fr
pp.harmattan@gmail.com

L'HARMATTAN CAMEROUN
BP 11486
Face à la SNI, immeuble Don Bosco
Yaoundé
(00237) 99 76 61 66
harmattancam@yahoo.fr

L'HARMATTAN CÔTE D'IVOIRE
Résidence Karl / cité des arts
Abidjan-Cocody 03 BP 1588 Abidjan 03
(00225) 05 77 87 31
etien_nda@yahoo.fr

L'HARMATTAN BURKINA
Penou Achille Some
Ouagadougou
(+226) 70 26 88 27

L'HARMATTAN SÉNÉGAL
10 VDN en face Mermoz, après le pont de Fann
BP 45034 Dakar Fann
33 825 98 58 / 33 860 9858
senharmattan@gmail.com / senlibraire@gmail.com
www.harmattansenegal.com

L'HARMATTAN BÉNIN
ISOR-BENIN
01 BP 359 COTONOU-RP
Quartier Gbèdjromèdé,
Rue Agbélenco, Lot 1247 I
Tél : 00 229 21 32 53 79
christian_dablaka123@yahoo.fr

Achevé d'imprimer par Corlet Numérique - 14110 Condé-sur-Noireau
N° d'Imprimeur : 133925 - Dépôt légal : novembre 2016 - *Imprimé en France*

www.ingramcontent.com/pod-product-compliance
Lightning Source LLC
LaVergne TN
LVHW011022061026
849535LV00006B/2017

* 9 7 8 2 3 4 3 1 0 5 5 7 4 *